JN037460

小選挙区制は日本をこう変えたか

証言

改革の夢と挫折

久江雅彦
内田恭司
編著

岩波書店

はじめに
日本の民意を体現する選挙制度を考える

久江雅彦

「人を選ぶ」日本の選挙

衆議院の中選挙区制が廃止され、小選挙区比例代表並立制が導入された一九九四年から、二〇二四年でちょうど三〇年が経過した。光陰矢の如し、である。この節目を控えた二〇二三年、共同通信では、当時の関係者らにインタビューを重ねる連載企画「選挙制度改革の残像」を一年間にわたって加盟社に配信した。本書はこの連載を大幅に加筆修正したものである。

企画着想のヒントは、選挙実務を四〇年近く担ってきた久米晃元自民党事務局長が漏らした一言だった。「日本の選挙は政党や政策ではなく、人を選ぶのが基本です」。時の政権与党に逆風が吹けば、都市部を中心として確かに議席を大きく減らす。それでも、地域に根ざした議員が生き残る秘密は個人票にあるというわけだ。つまり、自民党の議員の大半は地域代表の色彩を帯びた個人の集まりだという指摘である。遡れば江戸時代後期、幕藩体制の末端にあった村の一部では、名主などの村役人を入札と呼ばれる選挙で決めていた(柿﨑明二『「江戸の選挙」から民主主義を考える』岩波ブックレット、二〇二三年)。日本、とりわけ地方では「ムラの長」を選ぶことが源流にあり、それは今も根強く残っているという見立てである。

とはいえ、自民党は一九五五年に自由党と日本民主党が保守合同で結党して以来、政権与党から二度転落している。奪取したのは、九三年に八党派で誕生した非自民・非共産の細川連立政権、そして二〇〇九年の民主党政権である。

どんな時に政権交代は起こるのか

なぜ地域代表たる自民党候補が大敗して野に下ったのか。細川政権の時は、その前にリクルート事件、金丸事件などスキャンダルが相次いだところに、自民党の権力を握っていた最大派閥の竹下派が分裂する「惑星直列」が起きたからだ。いわば、日本政治における「リーマン・ショック」とも言えるもので、権力という磁場に個人が寄り集まっている自民党が割れるということは、通常ではあり得ない。

では、民主党政権はいかなる背景から誕生したのだろうか。久米氏は「自民党がダメだったことに加えて、野党の大半が民主党として一塊になっていたからです」と言い切る。要するに、世論の多くが自民党に愛想を尽かし、かつ大きな野党が存在する——、その時に政権交代は起こるという経験則である。

しかし、歴史を振り返れば、自民党に対抗し得る保守政党を目指した新進党、一度は政権を担った民主党のいずれもが瓦解した。その理由は、それぞれの力量不足もあろうが、何よりもこれらの「自民党対抗型の政党」の支持層があまりに脆弱だったからではないだろうか。政党と支持層を人間にたとえれば上半身が政党、下半身が支持層であり、普通、この上下は釣り合ってはじめて動く。ところが、野党には上半身を支えるに十分な下半身がない。つまり、「なんとなく自民党」「大きな変化を望まない」という、消極的だが広範な自民党支持層に対抗するだけの野党支持層が形成されていないのである。

小選挙区比例代表並立制の導入によって、二大政党制に向かっていくと言われたにもかかわらず、現在の政党勢力図はまったく違う。その理由は、二者択一を想定した衆議院小選挙区制と有権者の支持分布の乖離である。そもそも、学校や職場など自分の所属する組織を振り返ってみても、「○○党支持vs×△党支持」で真っ二つに割れていないはずだ。「やっぱり自民党」「なんとなく自民党」「他がダメだから自民党」に対抗しうる固定的な支持層が存在しない日本の政治風土と、二者択一に向かうようにした小選挙区制度との不整合をどう是正していくのか。私は「自民党が強いから、いたしかたない」と言いたいわけではない。要諦は、現在の与野党の議席数と民意との激しいまでの乖離を、どう変えていくのかということだ。

現在の選挙制度は小選挙区と比例代表との並立制だが、やはり小選挙区では死票が多くなる。二〇二一年の衆議院選挙を振り返っても、小選挙区二八九では、得票率四八％の自民党が六五％の議席を得ている。逆もまた然りで、民主党が政権交代を果たした〇九年の衆院選では、民主党は四七％の得票率で七三％の議席を獲得した。また、自民党が政権を奪還した一二年衆院選では、自民党は四三％の得票率で七九％の議席を占めたのである。これでは、民意を反映しているとはとても言い難い。しかも、投票率は反転の兆しが見えるものの、依然として下降傾向にある。

自民党と公明党は二〇年以上選挙協力を続けている。自民党は自らの支持層に加え、小選挙区では公明党の支持母体である創価学会の票で下駄を履いているのだ。その数は、単純計算で、一小選挙区当たり二万票を超える。その一群が自民党候補に投票せずに白票を投じたり、棄権したりすれば、この候補の得票は二万票以上減ってしまう。また、創価学会が野党へ投票先を転じた場合には、差し引きで自民党候補は最大四万票以上も水をあけられる計算になる。

投票率が下がるほど、創価学会のような組織票が勝敗を左右する。逆に、投票率が上がるほど、組織票がキャスティングボートを握りづらくなる。やはり、できるだけ民意を選挙結果に反映させるためには、投票率の上昇が欠かせないのである。

近年、与野党の支持割合は概して、自民党三〇％弱～四〇％ほど、野党およそ二〇～三〇％弱、支持政党なし四〇％前後、という分布になっている。与党という括りでは、自民党に数％の公明党も上乗せされる。「支持政党なし」の四〇％程度がどこまで投票所に足を運ぶか、そして与党と野党のいずれに投票するか、その動向によって与野党の得票は変動するはずである。しかし現在、野党は多党化しているため、支持政党なしが野党サイドへ流れたとしても、野党第一党であろうと、単独で自民党を凌駕することはきわめて難しい。そして、今のところ自民党に対抗し得る野党の誕生はまったく見通せない。

日本の選挙制度には相反する仕組みが組み込まれている

なぜ、現在の野党は一つに固まることができないのか。それは、野党間の基本政策の違いのせいばかりではない。選挙制度が野党の一本化を阻んでいるのだ。確かに、衆院選の小選挙区制は野党候補の一本化や大きな野党づくりを促す方向に作用する。一人を選ぶのだから、野党はまとまらないと太刀打ちできないからだ。

英国や米国の単純小選挙区制では二大政党制へ進んでいくが、日本では、これに比例代表が並立しており、さらに参議院では選挙制度も異なっている。ドイツの小選挙区比例代表併用制は、小選挙区を基に地域代表の要素を持たせる一方、比例代表の結果から政党に議席を配分する仕組みで、比例代表制の色彩が濃い。いわば、米英は多数決型の民主主義であり、ドイツは合意形成型の民主主義と言えるだろう。本書で高安健将早稲田大学教授も指摘しているように、候補や政党名の得票数によって議席数が決まる比例代表は、ドイツのように野党同士を競わせる多党化に向かわせる。

さらに、日本の参議院の選挙制度は一人区と複数区が混在している上、全国比例代表の枠があり、二者択一になりにくい。しかも三年ごとに半数が改選されるので、政権与党に対する逆風や順風を一気に受けることもない。つまり、日本の選挙制度全体を見ると、衆院選の小選挙区制によって政権交代が起きやすくなるという想定の半面、参院選では野党がまとまりにくいという、相反する仕組みが組み込まれているのである。

このため、衆議院で政権与党が入れ替わっても、参議院では第一党だけで過半数ラインを超えない衆参両院の「ねじれ現象」が長らく続いてきた。これを自民党独走の歯止めと見るのか、自民党に対抗できる野党の出現を阻んでいた要因と見るのか。おそらく、その両面を併せ持っていると言えるが、中途半端であることは間違いない。少なくとも、小選挙区比例代表並立制を導入したときに想定していた政治の風景ではないことだけは確かである。

先に、日本の政治風土は二者択一ではないと指摘した。しかし、選挙制度改革から三〇年の歳月を経た今、皮肉にも有権者が二極化しつつある予兆も見逃せない。「自民党支持でも立憲民主党支持でも国民民主党支持でもない」という一群の有権者が存在する中で、とりわけ豊かではない層に訴求する新興のれいわ新選組が、二一年の衆院選、その前の一九年の参院選では比例で二〇〇万票以上を獲得したのである。これは、格差が広がる日本社会の一端を象徴する数字ではないだろうか。

自民党に対する最大野党だった民主党(二〇一六年に民進党に改称)は一七年に分裂し曲折を経て、現在の立憲民主党と国民民主党となった。野党を支持する労働者の全国組織「日本労働組合総連合会(連合)」もまた、立憲支持と国民民主支持に分かれたままである。しかも連合に属する民間産業別労組は、大企業の正社員に軸足を置いており、今や雇用の四割近くを占める非正規、あるいはアルバイトの人たちの受け皿になり得ていない。

一億総中流が定着した一九八〇年代からバブル崩壊を経て、九〇年代後半からの労働に関わる一連の法改正により、若年の非正規労働者が急増した。どんなにがんばっても、ただ食べるだけで精一杯で貯蓄もない、結婚もできない層が膨らんでいる。れいわ新選組の台頭は、そうした声なき声の表れかもしれない。

このまま格差が広がり、中流以上とそれより下層の国民の溝が深まり、それが二大政党制として輪郭を表す近未来もあながち否定できない。しかし、はたしてその対立構図が日本にとってふさわしいかどうかは疑問である。

裏金も旧統一教会問題も根幹には選挙制度

近年批判を浴びている自民党派閥の裏金事件と世界平和統一家庭連合(旧統一教会)の問題も、選挙制度との関係を抜きにしては読み解けない。現在の選挙制度、とりわけ衆議院小選挙区での優位によって、自民一強が長期化したからこそ派閥は増長し、その筆頭が安倍派だったのである。そして、人海戦術で自民党の選挙を下支えした組織の象徴が旧統一教会である。

自民党という政党がどのような構造を持っているか、簡単に示してみよう。自民党が地域代表の個人の集まりであることはすでに述べたが、そこに参議院全国比例代表を中心とする業界団体の右代表の議員が絡み合っている。そして、建設であれ農林漁業であれ、また特定郵便局であれ、業界団体の背後にはそれぞれ霞が関の官庁が後ろ盾として控えている。不可視の「政官業」のトライアングルである。地域代表と相まって、この相互依存関係も政治資金パーティーの裏金事件で耳目を集めた「派閥」という存在を下支えしている。官僚にとっては予算案と法案を成立させることが至上命題である。多数決の民主主義にあって、いわゆる「族議員」も抱え込み、数を背景に束で動く派閥はこの上なくありがたい。

科学的社会主義を標榜する日本共産党や創価学会を支持母体とする公明党と違って、自民党議員のほとんどは特定の思想信条を持たない人々から選ばれている。したがって、ピラミッド型の純然たる組織政党にはなり得ない。つまり、一般社会と同じく雑多な議員の寄せ集め集団なのである。おのずと派閥やグループが形成されていくのは当然のことだろう。一つの選挙区の定数が三〜五だった中選挙区制では、自民党から複数の候補が立てられるので、最大で五つの派閥が存在した。派閥間で同士討ちが起こっていたが、小選挙区比例代表並立制になれば一選挙区で自民党候補は一人だけになって派閥は解消されると言われ、それも選挙制度改革の大きな要因だった。ところが、その想定通りにはならなかったのである。

選挙制度改革を生き延びた派閥政治

ここに至る経過を振り返ってみたい。時は一九八九年五月、リクルート事件を受け、自民党は政治改革大綱を党議決定した。文書は「国民感覚とのずれをふかく反省し、「政治は国民のもの」と宣言した立党の原点にかえり、信頼回復をはたさなければならない」と明記している。政治資金の透明性の確保に加え「派閥の弊害除去と解消への決意」を掲げ、派閥が政治資金を集めるパーティーの自粛徹底もうたった。

派閥をめぐる軌跡は、双六にたとえるとわかりやすい。振り出しは、この政治改革大綱が決まった時だ。一九九三年の細川政権の誕生で自民党は下野し、派閥は解散した。しかし、政権に復帰するやいなや、派閥は再び息を吹き返す。そして、二〇〇九年に民主党に政権を奪われると、またも派閥は散り散りになる。そもそも自民党議員が激減して野に下ったのだから、派閥どころではない。無派閥議員だらけになってしまった。

民主党政権当時の三年余りの間こそ、政治改革大綱が志した理想が具現化しつつあったひときだった。双六で言えば、ゴール寸前まで辿り着いていたのである。

ところが、二〇一二年の自民党の政権復帰と同時に、この双六は振り出しに向けて逆走を始める。一七年には民主党の事実上の後継となった民進党が分裂し、その後も野党が乱立して多弱化した。その一方で、与党の自民党は権力の大きさも議席数も膨らんでいく。自民党が膨張するということは、派閥が大手を振るうことを意味する。なぜなら、先ほど述べたように自民党の本質は派閥やグループの連合体だからである。とりわけ安倍晋三首相当時での自民党一強の時代が長く続いたことから、安倍派(その前は細田派)が跋扈《ばっこ》した。

大半の派閥解散前、自民党には無派閥議員も七〇人余りいたが、かれらもまた地域や政策分野などによって、いくつかのグループに属している。自民党に一匹狼的な議員はあまりいない。無派閥を掲げていても、実質的にどこかの派閥の領袖や幹部を「保護者」として頼っているのが現実である。

しかし、政治家個人への企業・団体からの政治献金を禁止するなど、政治資金規正法の強化によって、派閥の領袖や幹部は昔のように巨費を集めて所属する議員にばらまくこともままならなくなった。さらに、一九九四年の政党助成法により、血税を原資とする約三二〇億円(自民党には約一六〇億円)もの交付金が、派閥ではなく政党本部に入るようになった。派閥は直接カネを集めるすべがなくなったために、まるでノルマのきつい会社のようにパーティー券を所属議員に売りまくらせる。そして、それをキックバックして裏金としたのである。

こうして、気がつけば双六は振り出しに戻ってしまった。三五年の歳月が流れ、もはや政治改革大綱を決めた時に国会議員だった人は衆参両院を合わせて二〇人ほどになってしまった。岸田文雄首相にしても、衆議院議員に当選したのは大綱決定から四年後のことである。

大綱には、首相や閣僚、自民党役員らは在任中派閥を離脱するとも書かれているが、岸田首相は岸田派=宏池会を離れず、例会にもたびたび出席していた。二〇二三年一一月に派閥の政治資金パーティー収入の裏金問題が大きく取り沙汰されるようになって、ようやく一二月に派閥を離脱した。また、二四年一月に政治改革大綱を踏まえて議論するかと問われた際は、「あれから三〇年以上経過している。選挙制度も変わり、政治の風景もだいぶ変わった」と、あたかも古文書について語るような言いぶりだった。ところが、同月二三日、突如自らが率いていた宏池会の解散を決断した。その理由は極限に達した世論の反発だ。

これまで首相は「先頭に立って国民の信頼回復に全力を尽くす」と力説してきたが、ずっと派閥政治の先頭に立ってきたのが岸田首相その人である。党として裏金の事実関係と原因究明の結果を国民に明らかにして、再発を許さない厳格な法改正を断行しない限り、政治改革大綱の道しるべは空証文に終わるだろう。

裏金問題で白日のもとに晒されたのは派閥の負の側面、つまり「集金マシン」「ポスト配分機能」としての派閥である。二四年一月に設置された自民党政治刷新本部は中間取りまとめで、派閥の政治資金パーティー全面禁止や内閣や国会の人事での推薦、働きかけを禁止し、派閥から「政策集団」への移行を図るとうたった。しかし、どんな方策も事の本質を抜きにしては実効性を欠く。この事件でまず問われるべきは、裏金に関与した政治家の責任感と倫理観である。「秘書に任せていた」などと自己保身に走る政治家の責任感の欠落は絶望的である。

こうした政治の堕落の背後には、自民一強を増幅させてきた選挙制度の陥穽が存在することも忘れてはならない。

足らざるものはカネと人手

派閥の裏金問題と相前後して、旧統一教会による自民党への選挙支援疑惑も浮上した。裏金と旧統一教会の二つの問題は、いわば「選挙の暗部」であり、地下茎で分かち難く結束している。この表裏一体の秘奥を解くカギは、自民党というヌエのような集団の本質に潜んでいる。

すでに述べたように、自民党は日本共産党や公明党とはまったく異なり、さまざまな考え方を持った議員の集まりである。自民党候補に投票する人もまた、「比例区は公明党」とバーターで協力してくれる創価学会員を除いて、ほとんどが特定の思想や信条を抱いていない。

自民党の候補が当選するためには、強固な地盤を持つ世襲議員であったり、よほど強い企業や業界団体の支持を得ていたりしない限り、選挙ではかなりの腐心を余儀なくされる。足らざるものは「カネと人手」である。かくして、主として自民党本部から幹事長経由で手渡しされる政策活動費という名の「表の裏金」が、よすがとなる。その額、年間一四億円超。なぜ「表の裏金」かと言えば、幹事長も受け取った議員も、金額も時期も一切公にする必要がないからだ。

その不足分については、政党交付金が党本部から各議員や候補の選挙区支部に流れる仕組みで、国会議員の場合で一人当たりおよそ年間一二〇〇万円。繰り返すが、政党交付金の原資は税金である。これを私設秘書の給与に充てたり、選挙区支部の下の行政区の支部に入れたりする。選挙区支部は、事実上国会議員や候補の組織で、行政区の支部はその地域の地方議員が差配できる。

自民党では、これらを足し合わせてもカネが不足する議員が多いので、政治資金パーティーを開いたり、選挙区支部への寄附を集めたりするわけだ。安倍派議員の裏金の一部も地盤固めや仲間づくりの資金に化した可能性は否めない。

自民党選挙につけいる旧統一教会

では、なぜそこまでカネが必要なのか。

税金で賄われる公設秘書は三人までだ。自民党議員の多くが、これ以外に七人前後の私設秘書を選挙区と東京に抱えている。地元には複数の事務所を構え、車も必要になる。かくして人件費や事務所、車やガソリン代などの固定費で、年間三〇〇〇万円を優に超えるという議員が多い。都市部の落下傘候補に至っては、有力な地元自治体議員から「選挙で協力を求めるからには、丸いもの（カネ）を持ってこい」と要求された人もいるという。

表のカネにしても裏金にしても、詰まるところ、資金力で政治活動や選挙をしているという現実がある。これでは、よほど自民党に逆風が吹かない限り、資金力に劣る野党候補が太刀打ちするのはなかなか難しい。もちろん自民党には、「うちは親の代からずっと○△さん」と熱心に支援してきた後援会の人たちなど、カネで動かない支援者もいる。しかし、誰もがそんな熱心な支援者に恵まれているわけではない。とりわけ都市部周辺で、野党と際どい戦いを迫られる候補は、猫の手も借りたいほど苦労する。証紙貼りやポスティングなど、最後は人海戦術がものを言う。

そこにつけいった組織こそ、旧統一教会である。信者数こそ全国で七万人ほどと決して多くはないが、寝食を忘れるほど熱心に選挙支援をしてくれる。中には選挙事務所の近くに部屋を借りて、早朝から深夜まで電話をかけまくる信者もいたと明かす議員もいる。ことほど左様に、自民党候補にとってカネと人手は当落を左右する命綱なのだ。

＊＊＊

同士討ちでサービス合戦になる中選挙区制から小選挙区比例代表並立制になれば、カネはかからなくなり、派閥も消えていく――。現実を直視すると、三〇年前のそうした想定は外れてしまった。この国の民主主義を機能させるためには、いかなる選挙制度がよりましなのか。モデルは米英型なのか、それともドイツ型なのか。さまよう民主主義を正常軌道に近づける解は、選挙制度改革論を抜きにして見出し得ない。本書がその一助になれば幸いである。

目　次

第2章　小選挙区制と自民党

第3章　政権交代の夢と現実

第1章 金権政治打破から改革は始まった

佐々木毅
河野洋平
細川護熙
曽根泰教

想定外だった解散権の乱発

元東京大学学長　佐々木毅

ささき・たけし　一九四二年生まれ。東京大学卒業。法学博士。七八年、東京大学教授、二〇〇一〜〇五年に学長。現名誉教授。専門は政治学、政治学史。文化功労者、文化勲章受章。二二年六月から令和国民会議（令和臨調）で共同代表を務める。

選挙制度と政治資金――改革の二つのエンジン

衆議院の選挙制度改革を進める力になったのは、私の認識ではやっぱり「政治とカネ」問題でした。一九八八年に発覚したリクルート事件を受けて、八九年五月に自民党が、選挙制度と政治資金制度をセットで抜本改革する冒険的かつ大胆な案を盛り込んだ「政治改革大綱」を党議決定しました。追って六月に政治改革推進本部を設置したのです。

本部長は伊東正義さん、本部長代行は後藤田正晴さんでした。二人は「政治とカネ問題の元凶は中選挙区制にある」との立場から、カネの問題をテコに選挙制度を改革しようとしたのです。選挙制度だけでは各党で意見が違いすぎて進まないからです。

野党からすれば、「政治とカネの問題はすぐれて自民党の問題である。だから自分たちできちんと始末をつけろ」ということで終わってしまう面がありました。そこで、選挙制度改革をカネの問題とセットで出し直したわけです。

ここが非常に大きな鍵になりました。選挙制度、政治資金それぞれについては、これまでもいろいろな議論がバラバラにあったのですが、これを一挙に両方を変えてしまおうと考えたんです。

「カネの問題こそが、政治腐敗と国民の政治不信のみなもとだ」ということは、多かれ少なかれコンセンサスだっただろうと思います。カネの問題は結局のところ、選挙にカネがかかるという問題に帰着する。だから選挙の問題を度外視してカネだけの議論をするのは、現実を見ていないことになるわけです。

しかもこれを、竹下登内閣で設置が決まった第八次選挙制度審議会(八次審)が発足する直前に打ち出しました。八次審のアジェンダ設定としては、これが大変大きかった。そういう意味で、すべての震源地は自民党の政治改革大綱だったと言えるでしょう。

スキャンダルの問題を、従来と同じように自分たちの言いたいことだけを言って「はい、おしまい」とするわけには、もはやいかないという現状認識が、このような知恵を絞り出したのだと思います。

選挙制度と政治資金という二つのエンジンがあったために、補い合ってエネルギーを供給し続けることができた。他の改革では見当たらない独特の構造があったことは、きちんとおさえておくべきポイントです。

論理的支柱となった民間政治臨調

ただ、改革は決して順風満帆なプロセスをたどったわけではありません。私もメンバーとして入った八次審における議論の具体的な中身としては、小選挙区と比例代表を組み合わせた制度の導入と、金権腐敗防止に集約されます。中選挙区制こそがカネのかかる選挙の元凶だということで、中選挙区制の廃止については早い段階で決まりました。

しかし政界では、与野党ともに政治改革の議論に対する反対派の声がとても大きかったですね。八次審としては、一九九一年に、政治改革の推進を掲げた海部俊樹首相に答申案を出し、区割り案までつくったのですが、自民党ではいろいろな意見が出て、大荒れになりました。結局、海部内閣はその年の一一月に倒れてしまったのです。

これに危機感を抱き、民間の立場から政治改革を推進しようと、経済界や学界、労働界、ジャーナリズム界も巻き込んで設立されたのが政治改革推進協議会、通称民間政治臨調です。九二年四月のことです。

私は議論を取りまとめる主査として、政治や行政システムの抜本的見直しを後押しするため、各界のみなさんと議論を積み上げました。改革派の結集のため、自民党をはじめ与野党の政治家にも声をかけ、若手を中心に、頻繁に超党派の勉強会や会合を重ねました。

まずは選挙制度をどうするかですが、中選挙区制に代わる制度として、小選挙区制や比例代表制を取り上げました。この二つを組み合わせた例としては、並立制(小選挙区と比例代表の選挙を別々におこなう)や、ドイツのような併用制(比例代表で政党の議席を配分し、小選挙区当選者に議席を割り当てたのち、政党の名簿に従って当選者を決める)がありましたが、各党それぞれに意見があって、なかなか前に進みませんでした。

自民党では小選挙区制を、野党には比例代表制を唱える向きが多かったと思います。そんな状態で与野党が打ち合いをして、カネの問題が片付かなければ本末転倒になるし、選挙制度を盾にとって、カネの問題が流されてしまうのも困ります。

しかも、各党の中にはそれぞれ反対派がいて、相手が受け入れそうになると別の案を持ち出して、議論そのものをつぶそうとするわけです。

自民党が単純小選挙区制を出したら、野党は絶対に受け入れられないから、このままでは議論がつぶれてしまう。そもそも、小泉純一郎元首相のように「変えることに反対だ」という主張もありました。

　こうしたお見合い状況の中で起きたのが、東京佐川急便事件をはじめとする一連の金権スキャンダルです。自民党経世会(竹下派)会長だった金丸信元副総理による佐川急便側からの闇献金問題と脱税事件で、金丸氏が議員辞職に追い込まれました。九二年夏から秋にかけてのことです。国民の金権政治に対する批判は頂点に達し、政治家も改革をやり遂げるしかないと観念したように思います。

どこにどれだけのカネが流れているかわからない

　政治資金の議論の中で、われわれが一番の旗印にしたのは透明性でした。どこにどれだけのカネが流れているのかまったくわからないのです。だからこそ、迷路のようなカネの流れの透明度を上げればば、おそらくカネは減るだろう、その上、小選挙区制にして同士討ちがなくなれば、カネの必要性も抑えられる、こうした見通しを持ったのでした。

　しかし、カネのかからない政治を主張する人たちは、選挙制度に関しては現状維持派だったりして、一筋縄ではいきませんでした。というのは、カネの問題が噴出するたびに、政治家として金権批判を繰り広げ、ポイントをゲットできる人もいたんです。そういう人たちにとっては、基本的に選挙制度改革はどうでもいいわけです。

　政治学の世界で「政党ファイナンス」というのは、研究テーマの一つです。そして、この研究をするには、政党の財政がどうなっているのかがわからないといけない。ところが、当時の日本ではそこがまったくわかりませんでした。とある研究者の話ですが、ある国際学会で「透明性の問題がクリアされない限り、日本の学者は研究グループに入れられない」と言われたといいます。

一九九〇年代当時、政治の大改革をやったのは日本とイタリアでした。八九年に冷戦が終わり、世界の民主化がその後の流れだとすると、日本とイタリアはデモクラシーについての若干のコンプレックスを持っていました。ともにカネの問題で政治がひどいことになっていたからです。

その意味で、この選挙制度と政治資金の改革は、日本を取り巻く国際環境が大きく変化する中で、日本の民主主義が劣位に置いていかれないよう、先進国の水準に引き上げるためのものだったとも言えるのです。ここが「平成デモクラシー改革」の隠れた原点でもありました。

外国のメディアもそれなりに関心を持っていて、私のところにも外国人の記者がずいぶんと取材に来たものです。

そして九三年六月に宮沢喜一内閣への不信任決議案が可決され、衆院解散・総選挙となるなど、大変な紆余曲折はありましたが、八月に初めての非自民政権である細川護煕連立内閣が発足し、九月になると、小選挙区比例代表並立制の導入を柱とする政治改革関連法案が国会に提出されました。

政治の力学の中で消えていった選択肢

しかし、この段階に至ってもなお、野に下った自民党だけでなく連立与党の社会党ですら、党内の反対派が改革をつぶそうとしていたのです。

細川内閣が最初にまとめた案は、小選挙区と比例代表の定数が「二五〇対二五〇」でした。途中で自民党に妥協して「二七六対二二四」になり、衆議院本会議では可決されたのですが、一九九四年一月の参議院本会議で社会党の左派が造反して、法案は否決されてしまったのです。結局、「三〇〇対二〇〇」という比例定数がより少ない自民党案を呑まざるを得ない形で、細川首相と河野洋平自民党総裁との党首会談で合意に至りました。しかも、比例は当初の全国ではなく、一一ブロックになりました。定数の問題を含めて「社会党に不利になるのに、わかっているのかな」と大いに首をかしげました。

議論すればきりがないのですが、要は政治の力学の中でもみくちゃになり、最後はもうこれくらいしか選択肢が残っていませんでした。相対多数が確保できる案なら、もうそれでしかたがないというのが実情だったと思います。

比例代表にしても、「この人は一番、二番」と順位をつけることがほんとうにできるのかと、常に自民党には問いかけました。結局、自民党が最後に押し込んだのが「惜敗率」で順位を決めることです。惜敗率とは、小選挙区と比例代表で重複立候補した候補の、選挙区での当選者の得票に対する得票の比率のことです。つまり、自分たちでは順位を決めないわけです。

小選挙区と比例代表の重複立候補まではオーケーだとしても、この二つはまったく違う仕組みなのに、片方の結果を片方の当選材料にするのは無理筋の話だろうとは思いましたけどね。

頻繁な選挙が政治全体のパフォーマンスを下げている

ともかくカネの流れについては、まだまだではありましたが、政治資金収支報告書を調べれば何とかわかるようになりました。この問題では一定の成果があったと思います。だけど、政治改革後の政治の流れは、今にいたるまで「何でこうなってしまったのかわからない」と、政治家の当人たちですら総括できないほど、失敗の歴史となりました。

先ほど触れたように、政治改革に当たって、冷戦の終結を受けて新しい政治のモデルを示さねばならないということは、与野党を通じて共通認識になっていました。そうした中で、冷戦に勝利した英国や米国といったアングロサクソン諸国にはプラスアルファの評価がありました。英国は小選挙区制の下で二大政党が政権交代を繰り返し、政策を競っています。それが日本で小選挙区制論者に力を与えた面もあったのだろうと思います。政権交代可能な二大政党制を目指すということは、われわれの頭の中にもありました。

しかし実際には、新進党、民主党といろいろな試みがなされては消えていきました。政権運営自体がうまくいかず、選挙ではオウンゴールみたいな形で負けたりもしました。与野党が立派な政策論争を戦わせて、国民はこちらを選んだというレベルに達する前の段階で、民意は決まっていたのではないでしょうか。そういう意味では、制度の問題だけでなく、政治競争の失敗というべきものもあったでしょう。検証されるべきテーマだと思います。

一つ言えば、政治改革の議論が沸騰していた頃、日本における最大の〝野党〟は米国だったのです。米国が「コメ市場を開放しろ」「貿易障壁を撤廃しろ」と要求してきた時、日本の与野党の対立構造は、実は何の意味も持ちませんでした。米国と対峙するにあたって、与野党は同心円の中で動いているにすぎなかった。根っこのところは同じだったということです。

確かに民主党は二〇〇九年に政権奪取まで行くことができました。だけど、日本の政治そのものにおいては、流れ解散的な入れ替わりがあるだけで、政権交代がなされても、内部関係者による利害調整メカニズムに基づいて「インナーの政治」をするという政治行動、それ自体は自民党と変わらなかったという印象は否めません。

小泉純一郎という「自民党をぶっ壊す」と主張する総裁が現れたことで、自民党の政治基盤が深刻な打撃を被っていき、その結果として民主党による政権交代の実現へと一歩前進したのは皮肉なことでした。

不明を恥じるのですが、安倍晋三政権をはじめとして、首相の判断で衆議院を解散する「七条解散」(憲法七条に規定された天皇の国事行為としての解散)が頻繁に発動される事態は、政治改革の当時まったく想定していませんでした。一人の判断で数百人の政治家の首を切ることが、いとも簡単にできてしまうとは――。これは政党のガバナンスの失敗の結果だと思われます。国民に選ばれた代表者なのに、しょっちゅう入れ替えができるなら、国会での活動はあまり期待されていないのも同じです。これでは、首相との力の格差が広がり、政治家一人一人の地位が軽くなっていく一方です。議会制民主主義にとって由々しい問題です。

衆院解散・総選挙には民意を反映させる意味合いがあるという、そのこと自体は否定しませんが、頻繁に選挙をおこなうことにより、政治全体のパフォーマンスを下げてしまう面は考えなければなりません。

政治家の熱気、社会の熱気が大きかった時代

いずれにしても、この選挙制度が悪いと言うなら、国会で腰を据えて議論すればいいのです。サービス合戦を招いた中選挙区制よりはましになったとは思っていますが、問題がなかったと言うつもりはまったくないし、金科玉条のごとくこの制度を守ることに専念しているわけでもありません。

しかし、出てくる案は弥縫策《びほう》ばかりです。全体の絵を描き改めようというエネルギーが、この三〇年間で政治の世界から消えてしまった感じがします。

選挙制度の問題は、党の統治や内閣の権限など、いろいろな問題群につながっていきます。政党助成制度や議員定数の問題、人口変動に伴う地域間格差の問題など、見直すべき課題はた

くさんあります。先ほど述べた解散権の問題、衆参両院の二院制のありかたについても考えるべきでしょう。

投票率が下がっている現状を見ると、選挙制度を改めたからといって、政治に関心を持つ人が増える感じもしません。若い人たちの政治に対する冷ややかさは大変なものでしょう。

米国はトランプ前大統領の登場で分断が進んでいるし、英国ではあっという間に内閣がつぶれたりしています。いまやモデルがなくなってしまい、そういう意味では議論がしにくくなった感じがします。

日本の社会も一律ではないので、だんだんと階層化が進むのは間違いないでしょう。政治改革をおこなった頃は、八割が中流と自認する時代だったから、小選挙区制を導入しても社会的な分断が深刻になる心配はあまりありませんでした。

一九九七年、九八年の金融危機あたりは転機でしたが、自民党は、国民に社会の階層化を自覚させないように、安倍政権に至るまで、あらゆる手段を使って社会の安定を印象づける政治をやってきました。安倍政権における異次元の金融緩和はその最たるものだと思います。

制度の変化と社会構造の変化は独立変数なので、時間差をおいて発生します。有権者も質的に変わり始めます。いまの六〇代、七〇代以上の人が退場すれば、これまでとはずいぶんと違う人たちが多数になってくるでしょう。

いま、ロシアによるウクライナ侵攻に象徴されるがごとく、「冷戦後の世界」がまた終わろうとしている中で、外との関係において日本の政治に何か新しい動きが生じてくるのか、それがどのような姿を取って現れるのか、はたまた何らかの副産物が生じるのかは見てみたいところです。とりわけ日本の場合、大きな衝撃はしばしば外から来るわけですから。

それにしても、政治改革の議論をしていたあの頃は、政治家も面白かった。平成の初めというのは、社会の熱気も今と比較にならないくらい大きかった。政治家には新しいアイデアを出すだけでなく、それを実現すべく強い責任感とがんばり抜くスタミナを持ってほしい。このことだけがお願い事です。

少数意見の排除、失われた多様性

元自民党総裁　河野洋平

こうの・ようへい　一九三七年生まれ。早稲田大学卒業。六七年に自民党から衆議院初当選。七六年に離党し、新自由クラブを結成したが、八六年に復党。自民党総裁、副総理兼外相、衆議院議長などを経て二〇〇九年に政界を引退。

政治の現状を見ると、あの選挙制度の改革は失敗だったと思います。現在の社会は多様な意見が尊重される社会になっているにもかかわらず、政界はその逆です。社会と政治に溝があり、国民の政治離れに拍車をかける結果になっています。

小選挙区制は何としても変えなければならないと思います。少数意見が死票になってしまう制度は、一見効率的で合理的だと錯覚しがちですが、民主主義に拙速なスピードを求めるのは危険です。社会の多様化に合うように、これまで以上に政治にも多様性が不可欠になっているにもかかわらず、現在の選挙制度はその流れに逆行していると言っても過言ではありません。

この改革の失敗が制度に起因するのか、運用が悪いのかはわかりませんが、いずれにしても失敗だったことは明らかです。政党中心で政策本位になると言われていたけれど、改革から三〇年の歳月を経て、その軌跡を顧みたとき、国民が政党や政策を選ぶ選挙に変わったとは言い難いと思います。やはり、改革当時の想定と現実との大きなギャップを感じざるを得ません。

自民党の存続には改革法案成立が不可欠

では、なぜ一九九四年一月、私と細川護熙首相が小選挙区比例代表並立制で合意したのか。雪の降る夜でしたが、私の方もまったく背水の陣で、ここでまとまらなければもうダメだというギリギリのところでした。私は、ここで決めないと、自民党は選挙制度改革の賛成派と反対派に割れて瓦解するという危機感を抱いて会談に臨みました。

あの頃、自民党議員はみな野党暮らしに打ちひしがれて、辟易していました。しかも、細川首相に対する国民の人気と期待は高まるばかりで、それがまた自民党の焦燥感を募らせていました。野党になった自民党本部は、まさに潮が引くように、訪れる官僚やメディア、陳情者らも激減して、閑古鳥が鳴いていました。

自民党本部の出入りで言えば、世情に迎合するがごとく、自民党の政治改革への消極姿勢を奇貨として、離党届を持ってくる議員ばかりでした。離党予備軍もたくさんいて、このままでは自民党は本当に崩壊しかねないと、私は強い懸念を抱いていました。それゆえ、私は自民党を存続させるために、衆議院での小選挙区比例代表並立制を柱とする政治改革関連法案を何としても成立させなければならないと決心していたのです。

九三年の年の瀬に衆議院を通過した政治改革関連法案は、参議院で否決されます。この後、当時の土井たか子衆議院議長が調停に入り、先送りを唱えました。しかし、私はこれ以上、離党者を増やしたくないと決死の覚悟でしたから、合意を目指して、細川さんとの二回目のトップ会談に臨んだのです。九三年一一月におこなった一回目の時には細川さんは譲歩せず、とにかく「政府案は変えられない」と繰り返すばかり。政府案は全国比例二五〇、小選挙区二五〇というものでした。

しかし、二回目の時には自民党案をすべて呑み、何を言っても「はい、結構です」と言われ、とても驚いたことを今も覚えています。そうおっしゃる以上、私も「それで行きましょう」と返す以外にありませんでした。細川さんも、ここで合意させなければ、宰相の座を引きずり降ろされると考えていたと思います。このため、私たち二人の最大の責務として何としても決着させなければならなかったわけです。

会談のときには既に、小選挙区と比例代表の並立制にする流れは止められませんでした。あとはそれぞれの定数をどうするかという調整でした。とにかく全議席が五〇〇という前提だったから、会談した結果、議員数を増やすわけにはいきません。五〇〇のうち、小選挙区と比例代表の数を二五〇ずつにするか、三〇〇と二〇〇にするか。自民党が用意した選択肢はそれだけでした。結局、後者で合意したのです。細川さんの方には案がなく、自民党案の丸呑みでした。小選挙区三〇〇の方が自民党には有利と考えていました。

政治家人生最大の痛恨事

実は、私は心の中では小選挙区制に反対で、中選挙区制の方が日本に合っていると思っていました。具体的には、たとえば、選挙区を全国で一〇〇くらいにして三人区にすれば、国民の多様な声をある程度反映できると考えていました。しかし、私がそれを言えば、小選挙区制を巡って賛否が割れていた自民党をつぶしてしまうことになる。そうさせないためにも、まとめるしかなかった。いわば消極的な合意でした。

当時、政治学者や評論家、メディアの論調も含めて、小選挙区制がこれほどまでに政治を大衆迎合(ポピュリズム)になびかせると同時に、多様性を喪失させていくと危惧する指摘はほとんどありませんでした。

細川さんも私と同じ思いで、小選挙区制がいいと確信を持っていたわけではありません。むしろ、複数の候補者の名前を書く連記制を思い描いていたようです。要するに、私と細川さんがそれぞれ抱いていた考えとはまったく異なる結論になったのです。小選挙区制の導入前に比べると、政治は相当に劣化しています。この制度を決めたときの一人として、自分を責めています。当時の判断は私の政治家人生の中でも、最大の痛恨事でした。

もともとはリクルート事件、そして金丸信元副総理の巨額脱税事件を受け、金権腐敗を正して政治不信を解消しようというのが政治改革の始まりでした。細川さんの前任だった宮沢喜一首相は、政治改革を成し遂げることができないまま退陣に追い込まれました。その宮沢内閣で、私は官房長官でした。宮沢首相は当初、英国の腐敗防止法を研究して、それを日本に導入すれば、政治腐敗はなくなるのではないかと考えていました。

ところが、それが途中から選挙制度改革にすり替わり、小選挙区制を軸とする改革が前面に出てきてしまった。そして、宮沢さんはこれを実現できず、自民党竹下派の分裂などがあって、内閣不信任決議案が可決されました。その後衆院選で自民党は下野し、宮沢さんは宰相の座を追われました。

逆に言えば、本来の政治改革の話は選挙制度改革の論議によって、消え失せていったのです。当初はさまざまな議論もありましたが、小選挙区制こそベストという大きな渦に巻き込まれて、他の議論もできないような空気に覆われてしまいました。

小選挙区制は、自民党竹下派の権力闘争で主導権を失って離党し、新生党をつくった小沢一郎氏が主導しました。当時、自分こそ「改革派」で、反対する勢力は「守旧派」だと批判していました。小沢さんが、小選挙区制が絶対に良いと考えていたかは疑問です。選挙制度改革は権力闘争の材料だったかもしれません。

米国や英国では試行錯誤して二つの政党の流れができたわけで、その真似をやろうとしてもなかなかできないと思います。何より今の小選挙区比例代表並立制だと、比例代表も多く、二大政党制にはなりにくいのです。日本でも制度を変更すれば、二大政党へ収斂されていくというのは、完全に机上の空論でした。

そもそも日本国民の意識から言うと、大きな政党が二つ存在していたとしても、あまりに対照的だったら、日本社会が激変することへの不安から、政権交代は起きにくいでしょう。逆に似た大政党が二つだと、政権交代がどんな意味を持つのかわかりにくくなります。

「民意の集約」と「民意の反映」を両立させる困難

中選挙区制のときは、自ら支持の輪を広げて、有権者の三〇%の支持が得られれば当選することが可能でした。ところが、現在の選挙制度は違います。有権者から支持を受ける以前の問題として、まず党執行部から公認をもらわなければなりません。昔のように、無所属で当選してから自民党に入るという例は、かなり減りました。有権者の支持よりも党執行部のお墨付きという壁の方がはるかに高く立ちはだかっているのです。

この結果、当然のことながら、政党の単色化、議員の純化が加速します。万人受けしなくても、得意分野があったり、個性の強かったりする候補はおのずと当選しにくくなります。そうした候補も勝つためには、幅広の訴えが不可欠になり、当選者の全体で見れば、多様性が失われているというのが現状だと思います。

しかも、小選挙区制の下で一対一で戦うと、五一％と四九％の僅差であっても後者は死票になってしまいます。この大きな弊害をある程度解消していくために、比例代表並立制にしたわけです。しかし、死票でも民意として議席に反映させるはずのこの制度が、重複立候補によって、小選挙区で落選しても比例で救われる「保険」のように使われてしまっているのは問題で、本来の趣旨から外れています。この重複立候補の制度は見直すべきだと思います。

そもそも小選挙区での「民意の集約」と比例代表制による「民意の反映」を両立させる発想は、長所を相殺しています。何か問題がある候補を落選させる「懲罰投票」の色彩も帯びる小選挙区の機能を、重複立候補が打ち消してしまうわけです。これでは、ただでさえ死票が多いのに、ますます一票が軽く見えてしまっていると思います。近年の投票率の低さも、この制度の矛盾と無関係ではないはずです。

中選挙区では、自民党の派閥同士で競っていました。所属している派閥が選挙活動をバックアップして、当選後には若手政治家として育成する機能も果たしていました。たびたび「魔の×回生」などという言葉が聞こえてきますが、それも、時として候補個人の資質よりも、風向きやムードで当選しやすい小選挙区制が生んだ弊害の象徴と言えます。

派閥はいまだに残ってはいるものの、その包容力は低下して、党執行部への権力集中が加速しています。その結果、モノを言えぬ議員が増えて、党内が単色化してしまいました。

最後まで反対していた小泉氏がおこなった刺客選挙

振り返れば、私が自民党総裁のとき、小選挙区制の導入に最後まで反対していたのは後に首相になった小泉純一郎さんです。しかし、その小泉首相時代に、この制度の欠陥があらわになったのです。総裁の権限が絶大になった結果、世論に風を吹かせれば、候補者も独断で好き勝手に決められるようになりました。小泉首相が掲げた郵政民営化に反対する議員のところに、対抗馬が「刺客」と称して送り込まれ、「小泉チルドレン」と呼ばれる議員が続々と誕生したわけです。勢いで当選した議員が大半ですから、個々の政治家に確たる見識があったとは思えず、むしろ政治のレベルを著しく低下させてしまいました。私が総裁だった当時、「小選挙区制にしたら、党執行部に盾突けない議員ばかりになる」と叫んでいた小泉さんが、首相になったとたん、独裁的な政治をリードして長期政権を担ったことは摩訶不思議で、歴史の皮肉に他なりません。

私は内心、三人区の中選挙区を一〇〇つくるべきだと考えてきましたが、いかなる選挙制度がよりましなのか、明確な解は見出せません。おそらく、ベストな制度というものは存在しないので、どこかで割り切り、最善に近いものを模索するしかないと思います。

どのような制度であれ、政権交代が起きる仕組みにした方がいいと思います。権力が長く続けば、腐敗します。自民党では各派閥が競い合ったり、合従連衡したりすることで、疑似政権交代を繰り返してきました。しかし、自民党の長期政権の結果として、緊張感が薄れてしまい、権力の座にあぐらをかいてきたことがリクルート事件などにつながったのだと思います。

民意をできるだけ的確に反映させる選挙によって、政権が交代するのであれば、その方が民主主義にとって好ましいのは当然です。ただ、米国や韓国で起きているように、新たな政権が前の政権をすべて否定するかのような振幅の激しい政治になってしまうのは、国家の安定と国民の生活にとっては望ましいとは思えません。選挙制度改革の後、民主党が政権交代を果たしたものの、わずか三年で下野してしまいました。「反自民」の風で当選しても、それが止めば、急に失速してしまうという結果になったわけです。

民主党の蹉跌《さてつ》の原因は、やはり地に足がついた政治活動をしていなかったことだと思います。かつての社会党は労働組合と連携して、議席の三分の一弱を占めてきましたが、その労働組合の中央組織である連合も今は、立憲民主党と国民民主党に支持が割れています。小選挙区制では、野党がまとまらなければ、自民党に対抗して政権を交代することはできません。

しかし、現状は、日本維新の会も含めて、野党の分断と遠心力が強くなり、ますます選挙制度と実相の乖離《かいり》が著しくなっています。野党がまとまらないということは利敵行為とも言えます。野党は、自民党がダメなときに、それを追い風として勝つというパターンです。やはり、野党が政権を担うには支持基盤を強化するという取り組みが必要で、そのためにはかなりの年月を要するかもしれません。それだけに、やはり自民党には多様な意見を吸収する包摂力が求められるのです。

今でも、民意の反映という点では以前の中選挙区制の方がよかったのではないかと思うことがあります。さまざまな議論が党内で活発に交わされ、政策に反映もされてきました。しかし、今は議論が欠落したまま、物事がすいすいと決まってしまう。安全保障関連三文書などその最たるものです。国民の中の多様な意見が自民党の議論に反映されていなかったと思うのは、私だけではないと思います。

中選挙区連記制の可能性

一つの考えとして、私は先ほど述べたように、全国を一律で定数三人の中選挙区制として、なおかつ複数の候補に投票できる連記制にすれば、民意をより反映できるのではないかと思います。自民党は中選挙区制下で敗れて下野したのですから、中選挙区でも政権交代は可能です。

とはいえ、現状の選挙制度で選ばれた人がそれを否定して変えることは非常に難しい。誰も自分の都合が悪くなるようには変更したくないからです。あるべき選挙制度は、議員で決めるのではなく、有識者ら第三者の知見を結集して変革していくことが必要だと考えています。

選挙制度改革と合わせて政党交付金の制度も導入されましたが、企業・団体献金は相変わらず存続しています。政党交付金は、政党に所属する現職議員の数でお金を配分する制度なので、新人の候補がたくさんいるだけでは受け取ることができません。つまり、既に議員を抱えている政党がその人数に応じて配分されるわけなので、現職と、それを抱えている政党の優位が固定化されているのです。企業・団体献金のありかたに切り込めなかったことも、大きな反省点です。

投票率の低下傾向もとても危惧しています。政治の緊張感は民主主義の礎《いしずえ》です。選挙制度の変更が困難である以上、できるだけ多くの国民が投票に行くしかないと思っています。

政権交代こそが改革の原点

元内閣総理大臣　細川護熙

ほそかわ・もりひろ　一九三八年生まれ。上智大学卒業。朝日新聞記者から自民党参議院議員、熊本県知事を経て日本新党を結成。九三年の衆院選に勝利し細川連立政権を樹立。九八年に政界を引退。旧熊本藩細川家第一八代当主。

当時の政府案では小選挙区・比例が半々だった

私は政治改革を掲げて日本新党を結成し、一九九三年に非自民・非共産八党派による連立政権を打ち立て、初めての政権交代を果たしました。細川内閣にとって、九四年一月二一日、成立目前だった小選挙区比例代表並立制の導入を柱とする政治改革関連法案が参議院本会議で否決されたことは、最大の試練でした。連立与党はただちに両院協議会の開催を求め、法案を可決した衆議院と参議院の協議が始まりました。

法案の取り扱いについて両院で調整するわけですが、連立与党の要である小沢一郎新生党代表幹事とは、もしこのまま法案が廃案になったら「衆議院を解散しよう」と腹合わせをしていました。

まず越年してしまった九四年度予算案編成を終わらせ、二月上旬に予定している訪米でクリントン大統領との首脳会談をおこない、その後に「抜き打ち解散」をしようというものでした。報道各社の世論調査で内閣支持率は六〇％を超え、政治改革には七〇％が賛成でしたから、解散していれば、自民党は改革派が飛び出して党が再度分裂し、壊滅的な打撃を被ったでしょう。選挙制度で自民党に譲る必要もなかったので、政治状況は今と違っていたかもしれません。

私にとって、どちらが魅力的な選択肢だったかと言えば、明らかにそちらだったわけです。自民党も解散を一番恐れていたのは間違いないと思います。

しかし竹下内閣以降、五つの内閣が取り組み、海部、宮沢と二つの内閣がそのためにつぶれた政治改革は、六年の歳月を経て、成就までいま一歩のところまで来ていました。

「ここでまたつぶすわけにはいかない」。そう腹をくくり、最後の土壇場で開催されることになった河野洋平自民党総裁とのトップ会談で、自民党に譲って合意しようと決めました。一月二八日夜のことでした。

トップ会談に臨むにあたり、自民党が示してきた合意案は、小選挙区の定数が三〇〇、比例代表は二〇〇で全国一一ブロックというものでした。もともとの政府案は、小選挙区二五〇、比例代表二五〇と半々で、比例は全国単位でした。

私は本来、首相就任直後の衆議院代表質問で答弁したように、日本の政治は二大政党制ではなく、多様な意見が反映される「穏健な多党制」がいいと考えていました。中小政党を含めた時々の連立の組み合わせで二つの大きな政治勢力が形成され、政権交代が実現していくというものです。

政府原案が「二五〇・二五〇」で全国比例になっていたのは、そのためです。自民党案は大政党に有利な小選挙区制の要素が強すぎて、決して望ましいものではありませんでした。

そもそも、九三年一一月に政治改革関連法案が衆院通過する際、政府は小選挙区の定数を増やすよう求める自民党に歩み寄り、政府原案を修正して議席配分を「二七四・二二六」にしていたのです。

それにもかかわらず、参議院では参院自民党の激しい抵抗に遭い、本会議で与党社会党の一部の造反も加わって、法案は一二票差で否決されてしまいました。参院自民党には、後に党参議院議員会長を務め「参議院のドン」と言われた村上正邦さんなど強い人がいたので、かれらの抵抗は、それは激しいものでした。

実は本会議での採決の前に、自民党の方から修正案の打診がありました。衆議院通過案のまま成立されることを恐れて、小選挙区二八〇以上などの条件を呑んでくれるなら成立に協力したいという話が、森喜朗自民党幹事長（後に首相、二〇〇〇年四月〜〇一年四月）から小沢さんにありました。参院社会党の造反を危惧していた同党の村山富市委員長（後に首相、一九九四年六月〜九六年一月）と久保亘書記長も同意して、小沢さんが自民党側と交渉し、成立させる案と記者会見などの手順で合意してシナリオが動き出すのを待ちましたが、一向に動き出しませんでした。そうしたら森幹事長から連絡があり、「公党間の約束を反故にして大変申し訳ないが、参議院の反対が強くてご破算にせざるを得ません」と言うんですね。それで振り出しに戻ってしまったのです。

今振り返ってみても、細川内閣は、政治改革以外にも、自民党政権三八年の行きづまりがもたらした数々の難題に直面していました。当時よく自らの内閣を「大波小波を渡る船」にたとえていました。政治改革の直前、コメの市場開放で米国と非常に厳しい交渉をする一方、国内では自民党だけでなく、与党であるはずの社会党からも何かにつけ強い抵抗を受けていました。ですから、政治改革関連法案の参議院での否決は、たて続けの大波だったのです。

河野洋平自民党総裁とのホットライン

こうした状況の中、事態の打開に向けて、誰にも気付かれないように河野さんとの間で「ホットライン」をつくりました。こちらが成田憲彦首相秘書官（後に駿河台大学学長）で、河野さん側は総裁特別補佐の鈴木恒夫さん（後に文部科学相、二〇〇八年八〜九月）でした。

両院協議会に並行して、このラインを通じて意思疎通を図りました。その結果、河野さんとの間で、両院協議会が打ち切りになった後、議長斡旋《あっせん》が入るか、党内がもめて収拾がつかなくなるかをきっかけにしてトップ会談に持ち込み、一発勝負で決着をつけようと腹合わせをしました。

一月二八日、両院協議会を打ち切り、連立与党側から自民党側にトップ会談の開催を申し入れました。すると夕方、土井たか子衆議院議長から、議長の下に協議機関を設置するという斡旋案が示されたのです。

これは事実上の棚上げ案で、受ければ改革が先送りになることは目に見えていました。だから私は「とにかく河野さんと会ってみます」と言って議長の許しをもらい、ついに午後七時からトップ会談がセットされました。

会談するに当たり、社会党は参議院で造反したとはいえ、与党なので仁義は切っておこうと考え、村山委員長に、国会内の総理大臣室に来てもらいました。

説得するのは難しいと思ったので、村山さんには「相談されても困ることもあるでしょうから、相談はしませんが、お話だけはさせていただきます。トップ会談では一任してほしい」と言いました。

村山さんは「いや、それはできん」とすごい剣幕でしたが、そこで人が大勢入ってきたため、話はうやむやになって終わりました。村山さんはまだ怒っていましたが、会談への形は整えたわけです。

そして、国会議事堂三階の常任委員長室で河野さんとの会談に臨みました。小沢さんと森さんが同席しました。当初は河野さんと二人だけのつもりでしたが、自民党側が森さんも入ると言うので、与党の代表者五人に集まってもらって同席する人を決めてもらいました。小沢さんは渋っていましたが、みんなに強く押されて最後の最後に引き受けてくれました。

ぎりぎりの妥協で自民党案を丸呑み

自民党案は、比例はあくまでも付け足しで、小選挙区を三〇〇にすることが狙いであることはわかっていました。しかし、先にも触れたように細川内閣の大きな使命として、この改革を全うさせようと、この場で事実上、自民党案の丸呑みを決断したのです。

「参院自民党が激しく抵抗する中で、もう二八五とか二九〇とか言ってもダメだろう。ここは丸呑みしかない。それなら反対のしようもないだろう」という思いでした。

党からは一任をもらっていましたから、ここは誰にも相談していません。自民党案には問題があったけれど、そこはぎりぎりの妥協をして、大きな枠組みだけはつくろう、次の世代の人たちに期待して、より良い制度にしてもらえばいいと考えて、一気に決着をつけました。

基本合意ができたところで、協議をいったん中断して、河野さんと二人で土井議長に報告に行きました。土井議長は参議院の原文兵衛議長も呼んで待っていましたが、土井提案ではなく政治改革の内容で合意したことにあからさまな不満を示し、別れ際の握手の手にもそっぽを向いたままでした。

常任委員長室に戻り、会談を再開して細部を詰め、終わったのは深夜でした。午前一時近くになって河野さんと共同記者会見に臨みました。外は大雪になっていました。

法案は再修正した上で、二九日に両院で可決、成立しました。六年越しの政治改革はここで成就したのです。

日本の「ベルリンの壁」を破る

いま振り返ってみても、選挙制度改革以前の中選挙区制では、いろいろな問題が生じていました。私も郷里の熊本県で選挙を経験しています。一九六九年の衆院選に旧熊本一区で立候補した時です。

それまでの選挙戦では本当に札束が飛び交ったり、開票の際には突然停電になって投票箱が入れ替わったりしていたんです。だから「もう、どうしようもない制度だな」というのが実感でした。

でも、自民党にとってはいい制度だったのでしょう。五人区ならそのうちの三人は、自民党の派閥ががっちりと押さえることができましたから。あとの二人は社会党や公明党が取るわけですが、それで新しい人はもう入る余地がなくなるんです。私の選挙区には、農林族の大物である松野頼三さんがいて、農林水産相とか党政調会長とかをやっていましたから、そういう人がいると、もうどうにもなりませんでした。

政治にカネがかかると言えば、参議院議員の時、私は自民党国会対策委員会のメンバーで、委員長は金丸信さん(後に副総理、一九八六年七月~八七年一一月、九三年に脱税で起訴)でした。それで、年の瀬になると社会党の議員にお歳暮を配るんですよ。私はそれを持って国会の中をうろうろしていました。本当に重たい袋でした。

自民党はこうして三八年間、社会党との「五五年体制」の下で、ずっと一党支配を続けてきました。その間、党内は派閥間抗争に明け暮れ、リクルート事件や金丸事件など「政治とカネ」の問題が後を絶たず、政治の腐敗と停滞は目を覆うばかりでした。

当時は歴史的な時代の転換点でもありました。日本の高度経済成長はとうに終わり、地価狂乱を招いたバブルがはじけたかと思えば、東西冷戦の終結で「ベルリンの壁」とソ連がついに崩壊し、世界のグローバル化が進もうとしていました。

こうした大きな時代的背景もあり、私は、この自民党一党支配による政治の停滞を変えようと、九二年五月に日本新党を結成したのです。経済も社会も構造改革をしなければならない。政治改革も断行し、政権交代可能な政治システムをつくり上げなければならない。こう強く思っていました。

九三年七月の衆院選で日本新党が躍進し、八月に新生党、新党さきがけなど八党派による細川連立政権を発足させた時は、五五年体制という日本のベルリンの壁を崩したと思いました。

あの時、小沢さんだけでなく自民党からも「連立を組みたい」というアプローチがありました。山崎拓さん(後に副総裁、二〇〇三年九～一一月)や加藤紘一さん(後に幹事長、一九九五年一〇月～九八年七月)ら「YKK」の人たちですね。

自民党と組んで、後藤田正晴元副総理や宮沢喜一元首相とやる方がよっぽど良かったかな、それも面白かったかなとも思います。宮沢さんとは私が首相の時に秘密裏に会ったりしていましたから。だけど、小沢さんの方が半日、アプローチが早かったんです。

日本新党の本部に訪ねてきた小沢さんに「首班指名を受けてほしい」と言われました。驚きましたが、これも天命だと思い「はい、やりましょう」と即答しました。

私は先にも話したように、穏健な多党制がいいと思っていて、小沢さんのように二大政党制を志向していたわけではありません。価値観が多様化し多くの政党がある中では、二大政党になんかなりっこないんですよ。それでも力を合わせて、政治改革を含めて数々の難題に当たってきたわけです。

政治改革は一回やれば終わりではない

そして、あれから三〇年がたちました。この選挙制度が政治の劣化を招いたとの批判があるのは承知していますが、かなり誤解を含むものも見られます。しかし、この制度のすべてが間違いとも言い切れないでしょう。たしかに、小選挙区制の導入で、各党の執行部が選挙での公認権や資金を配分する権限を握り、所属議員はトップの意向に逆らえなくなったという話はよく聞きます。第二次安倍政権での安全保障法制の整備など、荒っぽい政治手法も目につきます。

だから一〇〇点満点だったと言うつもりはありませんが、政治改革により選挙にかかるカネは少なくなり、自民党の派閥政治も鳴りを潜めるなど、相当の成果はあったと思います。批判の多い重複立候補にしても、比例で復活当選できることで、小選挙区での過激なつぶし合いを緩和する効果もあるでしょうし、有権者の票が死票となるのを防ぐ意味もあるでしょう。

ただ制度に万全なものはなく、政治改革も一回やれば終わりというわけではありません。改善すべきところがあれば、考えてもらえばいいと思います。私はやはり、多様な民意を反映できる細川内閣当時の政府原案がいいと思っています。小選挙区二五〇、全国比例二五〇のあれですね。制度を変えようという機運が出てくるなら、ぜひ検討してもらいたいですね。

それと、いろいろと言われていることに対して、もう一つ付け加えるならば、「政治改革で政権交代可能な政治にすべく英国の制度を模倣したのに、英国のようになっていないじゃないか」という批判がありますが、それは理解不足ではないかと思います。

英国ではサッチャー首相以降、保守党政権が一八年続きました。その後、ブレア政権など労働党が一三年、そして保守党になって一四年です。日本は、二〇〇九年に民主党が政権交代を果たし、一二年に自民、公明両党の連立政権に戻ってからまだ一一年です。英国のようになっていないというのは、性急ではないでしょうか。

一二年の第二次安倍政権発足以降、自公政権は揺るがないと言われてきました。ところが、現在の岸田文雄首相の不人気により、政界の雰囲気が〇九年の時に似てきたという主張がわき上がっています。大きな違いは、野党に対する国民の期待が高まっていないことです。

日本の衰退が言われていますが、その原因は日本が変われないからだと思います。そして、日本が変わるきっかけになるのは、やはり政権交代です。一国を変える原動力になるのは政権交代だという認識は今も変わりません。日本も政権交代をすれば政治制度をはじめ、あらゆるものが変わるのです。

政権交代を実現した民主党政権の失敗は、官僚を遠ざけたことです。一番頼りにしなければならない官僚機構を追いやってしまった。「何をやっているんだろうな」と思っていました。政権運営が未熟だったと言わざるを得ません。

だから、野党のみなさんにはそこを大いに反省し、これからの時代に向けてどのような国家像を描き、何を目指していくのかを明確にしてほしい。国民の政治や経済、社会状況に対する不満はかなり強いと思います。そういうものをいいタイミングでうまく吸い上げ、行動を起こすことができるかどうかですね。

あと、与党を含めてスターがいない。野党からも与党からもスターが生まれてほしいですね。

英国でブレアは、低迷する労働党の党首になって二年一〇カ月で政権交代を果たしました。日本にも強力なリーダーが現れ、もう一度政権交代が実現することを期待しています。

長期の自公連立政権という矛盾

慶應義塾大学名誉教授　**曽根泰教**

そね・やすのり　一九四八年生まれ。慶應義塾大学大学院博士課程満期退学。八五年に同大法学部教授。二〇一八年に名誉教授。専門は政治学、政策分析論。一九九二年に発足した政治改革推進協議会(民間政治臨調)で政治改革論議に加わった。

選挙制度改革は憲法改正に相当する変化

三〇年前の衆議院選挙制度改革を総括するなら、日本の政治体制の変革を目指した大きな改革だったと言えます。国によっては、憲法で選挙制度を規定していますから、憲法改正に相当することを、法改正でおこなったと言えると思います。

中選挙区制が土台になった「五五年体制」では自民党の一党優位が続き、有権者は政権を選ぶことができませんでした。野党が定数の過半数の候補者を立てられない以上、毎回自民党が勝つのはわかりきっていたわけです。しかし、新制度では国民が政権選択ができるようになり、政治に緊張感が生まれ、実際に政権交代も起きました。一方で、副作用や想定外のことも相当あり、その点をどうしていくかが大きな課題です。

たとえば、比例代表の部分で少数党は残るので、二大政党ではなく「二・五党」的体制になり、自民党と野党の二大勢力が選挙を繰り返して、交互に政権を担っていく姿をわれわれとしては想定していたわけです。しかし、民主党による政権交代はありましたが、現実は自民党と公明党による連立政権が一貫して続き、新たな五五年体制での自民党一党支配のようになっています。これは想定外でした。なぜそうなったのかと言えば、民主党による政権運営の失敗と自壊により野党が多弱になったことが大きいでしょう。その後遺症で政治が閉塞状況に陥っています。

民主党には官僚出身の議員もいたので、個別政策ではそれなりのものをつくることはできました。しかし、政権を運営するノウハウがありませんでした。選挙に勝ったら政権準備委員会をつくって、マニフェスト(政権公約)を基に具体的政策を練り上げ、予算と法案に分けて行程表を決めて進めていくべきだったのに、それができませんでした。「政党」というのは、政党本部が入っている建物のこ

とではないのです。政権党になれば、霞が関の各省庁の人材と予算、それに蓄積してきた情報をすべて利用することができます。しかし、そうしたものを活用するノウハウがなかった。

しかも、野田佳彦首相が政権公約に書いていない消費税増税を進めようとしたことに小沢一郎さんたちが反対し、激しい権力闘争の末に分裂して、負ける選挙をやってしまいました。その結果、民主党は非常に後を引くような壊れ方をしたので、その後の立憲民主党と国民民主党のように、似ているグループであるにもかかわらず、同じ道を歩むことができなくなりました。そして、これらの野党が足の引っ張り合いをして、同じ選挙区に候補者を立てて、勝てる選挙も勝てなくしています。

並立制では想定しなかった自公連立政権

先ほど「新たな五五年体制のようになっている」と言いましたが、この関連で指摘しておくと、一九八九年に当時の竹下登内閣で設置が決まった第八次選挙制度審議会(八次審)では、仮に小選挙区比例代表制を導入するとして、議席配分を比例代表の得票で決めるドイツ型の「併用制」と、二つの制度それぞれで決める「並立制」のどちらがいいのかという議論がありました。一部メンバーの理解では、併用制だと過半数を取る政党がなくなるので必ず連立制になる、そうすると、いつも決まった小政党が連立政権に入るだろう、日本では、それは公明党になるだろう、ということでした。それで、八次審の議論は、一つの政党が単独過半数を取ることも可能な並立制の方がいいということで落ち着きました。

しかし、選挙制度改革で並立制を導入したのに、ほぼ一貫して公明党が連立政権に入っています。要するに、改革以降、連立がずっと続いていますが、その連立政権に公明党が入り続けるという、併用制を導入したのと同じような結果になっているのです。これは想定外のことでした。

日本では衆議院だけでなく、参議院でも多数を取らないと法案が通りません。だから自民党は、衆議院で単独過半数を取れていても、「ねじれ」を避けるために連立を組みます。それに、自民党は選挙区で公明党票に相当依存した選挙をやり続けているので、なかなか抜け出せません。結果として、併用制で想定されたような政治構造となっているのではないでしょうか。

選挙制度改革の副作用として大きいのは、小選挙区と比例代表の重複立候補と惜敗率の導入によるものです。重複立候補までは認められるとしても、比例代表の名簿で同じ順位に並べておいて、小選挙区での惜敗率で比例代表の当落が決まるのはおかしいでしょう。小選挙区で落選した候補者が比例で復活して議席を得てしまう。政治改革を進めた後藤田正晴元副総理も生前、「変だ」と言っていました。政党は責任を持って、自分たちで順位をつけた名簿をつくるべきです。

パーティー裏金問題　ふさぎきれない制度の穴

自民党派閥のパーティー裏金問題にしても、こうしたことまでは予測できなかったのが実情です。選挙制度改革により、選挙で使うカネはおおよそ半分以下になりました。また一連の政治改革では政党機能の強化を目指したので、派閥を育てるという観点はなく、そもそも派閥はなくなると思っていました。政治団体への企業・団体献金を禁じたのは、派閥の存続を前提にしていなかったからです。

しかし、派閥は、パーティー券を企業・団体に買ってもらう手法で制度に穴を開けました。それでも裏金をつくらず、きちんと収支を報告すれば問題はありません。資金の出し入れはすべて銀行口座経由にして、会合での飲食にしても、きちんと領収書を取ればいいわけです。しかし、そうしないのは、表に出せないカネの使い方をしていたからでしょう。選挙区において、県議会議員や市議会議員で形成されるピラミッドは非常に強いですが、それを維持するためにはカネがかかります。こうした地方議員にカネを渡さざるを得ないところがあったのではないでしょうか。それに、現金でのやりとりだから、記録を残さなくてもばれないと思ったのでしょうね。

このようなことをなくすべく、制度の穴をふさごうとしても政治家はすぐに新たな穴を見つけ出します。昔のロシアや一部の発展途上国のように、裏金がはびこり、闇経済が経済の中心になっているような国のことをよく知っている人の知見を仰がないと、穴をふさぐ方法は見つからないかもしれません。それでも、やはり記録と公開という二つの原則を徹底することが大事です。情報開示をしっかりやって透明性を高めれば、資金の収入と支出をすべて突き合わせることができます。この抑止効果は大きいでしょう。

社会構造の変化をのみ込んできた自民党

今後の選挙制度をどうしていくのかは難しい問題ですね。これは、なぜ自民党と競争する勢力は生まれにくいのかという問いにつながります。英国には、かつて保守党と自由党がありました。産業革命の進展とともに、無産市民に選挙権が拡大すると労働党が伸長し、二〇世紀には自由党を押しのけて、保守党と労働党による二大政党体制になりました。米国では、一九二〇年代の大恐慌を受けて、民主党のルーズベルト大統領がニューディール政策を展開し、民主党が労働者や貧困層、都市部の知識層や南部の白人などを糾合して、リベラル勢力としての基盤を確立しました。このように、英国や米国では、社会構造の大きな変化とともに大規模な政界再編が起きたのです。

日本ではどうだったかと言えば、日本でも高度成長時代に、農業などの第一次産業から第二次産業やサービス業への転換が起き、都市部への人口集中や教育水準の向上といった大きな社会構造の変化が起きました。通常なら、この変化に対応する政党が出現し、政界再編が起こるはずです。しかし、社会党は対応できず、むしろ自民党が変化をのみ込んでいきました。もともと、都市部を除くと、特に地方では「保守系無所属」とも言うべき一般的な母体があって、自民党はそれに乗っかっています。

ここが野党の弱いところで、野党が、町内会や業界団体ではなく、市民組織や民間非営利団体(NPO)に「一緒にやりましょう」と働きかけても、NPO自体が保守系の自民党的なものに乗っていたりしたわけです。それでも選挙制度改革の時は、国民の意識は中道右派と中道左派的なものに分かれるだろうとの予測がありました。しかし、中道左派という大きな塊はできず、そういう意味では、国民の意識の変化を十分に予測できませんでした。

おすすめの制度というものはない

小選挙区比例代表制の導入が、そもそも与党と野党が相譲らぬ末の妥協の産物だったことも、今後の選挙制度のありかたを難しくしています。大枠の議論で、小選挙区制論者と比例代表制論者はずっと平行線をたどりました。一方で、それ以外の制度は考えられないわけです。そうなると、この二つの組み合わせで、定数を六対四にするか、五対五にするかという議論にならざるを得ません。小選挙区と比例のどちらかでは、まとまりませんでした。

この点については、世界の政治学者の中にも、小選挙区制によって二大政党制になる英国型のウエストミンスターモデルではなく、ヨーロッパ大陸型の比例代表制の方がいいという議論はずいぶんとありました。

しかし、議会で過半数を握らなければ政権運営ができないので連立を組むのですが、この連立協議にベルギーでは、五四一日もかかりました(二〇一〇年)。ドイツでも五カ月(二〇一八年)、オランダでは七カ月かかっています(二〇一七年)。連立する際にそれぞれの政策を擦り合わせ、いろいろな協定書をつくらなければならないからですが、こうした何カ月もかかるような連立協議に、日本では国民は耐えることができるのでしょうか。

米国では、格差や分断が進んでポピュリズムがはびこり、英国もボリス・ジョンソン首相(二〇一九~二二年)が出てきたことで、かつての良識のあった保守党ではなくなりました。そう考えると、どの国の制度も欠点だらけで、おすすめの制度というものはないわけです。むしろ、日本の政治状況はポピュリズムの要素があまりないだけ、ましなのかもしれません。

東西冷戦が終わり、世界のいろいろな国々で新しい選挙制度が導入されましたが、日本を含めてほとんどの国が小選挙区制と比例代表制のミックスでした。先ほど、政治改革における与野党の議論は平行線だったと言いましたが、政治学者の世界でも平行線で結論が出ないのです。それは大統領制がいいか、議院内閣制がいいかという議論でもそうです。かつて米国で開かれた比較政治学の研究会で、政治学者二〇人くらいで議論していた時、たまたまエストニアの議員がやってきて「いま憲法をつくっているが、大統領制と議院内閣制と、どちらがいいか」と聞いてきました。それで政治学者が二時間議論しましたが、やはり結論が出ませんでした。

比例代表の責任ある活用を

ともかく、ベストの選挙制度を見出すのは難しい。それでもあえて言うなら、現行制度で比例代表をうまく活用するべきです。重複立候補をやめて、政党が責任を持って順位をつけた名簿を作成する。たとえば、男・女・男・女で並べた名簿なら、当選者が男女半数ずつになります。それと、衆議院の小選挙区だけでなく、参議院の選挙区でも課題になっている「一票の格差」問題については、定数削減ではなく、逆に定数を増やすことで解決策を見出せるのではないでしょうか。

さらにもう一つ挙げるなら、定数が一〇や二〇どころか、四〇や五〇もあるような地方議会の選挙制度改革も必要です。都道府県や政令指定都市など大都市の議会なら、与党系、野党系とありますが、地方の市町村議会議員になると、もう与党や野党の区別がなくなります。現行の大選挙区で、一人だけの名前を書く単記非移譲式投票を続けるかどうかは課題です。平成の政治改革は政党本位の政治を目指しましたが、地方議会の選挙制度が今のままである限り、政党中心の選挙にはならないでしょう。

いろいろな論点がありますが、現在の政治の閉塞状況を打破するために、何にも増して重要なのは、野党が政権奪取への意思を明確に示し、しっかりと準備を進めることです。嘘でもいいから「次の選挙で政権を奪取する」と言うべきです。そうしてこそ政治に緊張感が生まれ、政治への信頼回復につながっていくと思います。

第2章

小選挙区制と自民党

野田聖子
山崎拓
石破茂
久米晃

女性の政治進出を担保するクオータ制が必要

自民党衆議院議員 **野田聖子**

のだ・せいこ　一九六〇年生まれ。上智大学卒業。会社員、岐阜県議を経て九三年に衆議院初当選。郵政相、自民党総務会長などを歴任。岐阜一区、衆院当選一〇回、無派閥。

弊害はあってもベターな小選挙区制

私は中選挙区制で最後となった一九九三年の衆院選で初当選しました。その後、小選挙区比例代表並立制となりましたが、連続一〇回当選した経験から言えば、今の選挙制度の方がベターだと思っています。

実際、当選一回生の私は選挙制度改革に賛成の立場でした。というのも、中選挙区制の下では自民党候補同士での戦いになり、当時は国会を欠席してまで後援者の結婚式や葬儀に駆けつけるなど、いわばサービス合戦が繰り広げられていました。「あの先生は来たのに、おまえは来なかった」と言われたことは数知れません。

私はそんな状況を変えたい、変わってほしいと願い、選挙制度改革に賛成したのです。現在はそういったこともなくなり、以前より政治活動に専念しやすくなったと思います。

他方で、小選挙区比例代表並立制の弊害も痛感しています。それは、党執行部の言うことを聞かないと公認をもらえなくなるからと、上の顔色ばかりうかがう議員が増えてしまったことです。中選挙区制の頃は「今の自民党の政治はおかしい」という声が党内でも公然と出てきて、それが活力になっていました。

二〇〇五年夏、郵政民営化の是非を争点とし、「自民党をぶっ壊す」と叫ぶ当時の小泉純一郎首相の人気は絶頂でした。その人気を背景に郵政民営化を推し進めて、「民意を測る」と衆議院の解散に踏み切ったのです。しかし、郵政民営化に賛成した人の多くは中身を理解しておらず、ただ単に勢いやムードだけで賛成していました。私はそれに耐えられませんでした。

なぜかというと、私は小渕内閣で郵政相を務めていた経験から、賛成派の主張はまったく筋が通っていないと確信していたからです。私は常に統計などのデータに基づき政策を考えますが、郵政を民営化しなければならないデータや客観的な数字は、どこにも存在しませんでした。

賛成派は「郵便局員が二五万人強いて、民営化すれば、その人たちに使われていた人件費が浮く。そしてその分を福祉や教育、地域に回せる」と夢物語を吹聴していました。ところが実際には、郵便局は国営でしたが、黒字を出していて、その利益で人件費を賄っていました。税金など一切使われていなかったのです。私は、誰もが皆この事実を理解してくれると思っていたのですが、実態は逆でした。郵政民営化法案が否決されたら解散、反対すると公認しないとなり、あれよあれよという間に自民党内の潮目が変わりました。当初反対だった多くの議員が賛成に転じていき、見回せば、反対していたのは私を含めて衆議院で三十数名ほどに激減してしまいました。

なぜ、そんな話がまかり通ったのかと言えば、ひとえに小泉首相の話術のおかげです。「改革に賛成か反対か」「逆らうものは抵抗勢力」。そんな単純な話法で民意を引きつけたわけです。「民営化」「改革」といった聞こえのよいキーワードを繰り返すうちに、言葉が意味以上の力を持ち、あたかもそれこそが正義であるかのように訴求力を持ったのだと思います。このような「ワンフレーズ」で空気がつくられる怖さを、あの時ほど痛感したことはありません。まやかしの二項対立が争点になり、それに拍車をかけてしまうのが小選挙区の落とし穴なのかもしれません。中選挙区であれば、あそこまで賛成派になびく自民党議員は続出しなかったのではないでしょうか。

刺客を送り込まれた郵政選挙の経験

二〇〇五年七月、小泉内閣が郵政民営化法案を衆議院本会議に提出すると、賛成二三三票、反対二二八票とわずか五票差で通過。それが参議院では賛成一〇八票、反対一二五票で否決され、小泉首相は衆議院を解散しました。「解散権」という伝家の宝刀を抜いたのです。結局、郵政民営化に反対の女性議員は私だけで、「造反組」のシンボルと化してしまい、連日、テレビ、新聞、週刊誌等で「守旧派」とおとしめられ、全国からの批判と反発の嵐に見舞われました。議員会館の事務所のファックスには抗議の文書が立て続けに入り、男性ばかりか、女性からも猛反発を受け、「裏切り者」「小泉首相に逆らうな」と、心無い言葉が書き連ねられた文書も少なくありませんでした。

それでも私は、心のどこかで平静さを保っていました。それは自らを偽って反対していたわけではなく、郵政民営化は正しくない、自分は正しい主張をしているという自負があったからに他なりません。ただ一番心が痛んだのは、私自身というよりも、私をずっと支えてきてくれた支持者の方々やスタッフが、誹謗中傷にさらされたことです。あの時のことを思い起こすと、今でも暗い気持がよみがえるほどです。

そして、〇五年九月、小泉首相が郵政民営化の是非を問うた第四四回衆議院総選挙で、私は自民党公認を得られず、選挙区に刺客を送り込まれての戦いとなりましたが、無所属ながら自民党岐阜県連の推薦をいただくことができました。さらには中選挙区の時に培《つちか》った後援会と支持者に支えられ、激戦を勝ち抜くことができました。実際、中選挙区の時の土台がなかったら、敗北していたかもしれません。選挙では、地盤のない候補は公認がないとかなり厳しい戦いになります。当時、小泉首相が大々的に掲げた郵政民営化に対し、私の支持者の中にはそれに反対の人も少なからずいました。「支持政党は野党だけど、野田聖子を応援する」という有権者の、「私個人に対する票」で当選できたと思っています。

この経験から、結局どんな選挙制度であっても、選挙では、政策や理念にも増して、候補者個人に対する信頼と支持基盤が当落を大きく左右するという思いを強くしました。支持者からのその重い一票が選挙の原点だと痛感したのです。それは、とりもなおさず、日本の政治風土そのものではないでしょうか。私にとって自民党というのは互助会のようなものです。政治家としての野田聖子をつくっているのは、地元岐阜の支持者です。会社にたとえれば、株主はあくまでも地元の支持者であり、自民党ではありません。

繰り返しますが、私が郵政選挙を勝ち抜くことができたのは、支持者の方々のおかげに他なりません。私以外にも、郵政民営化に反対し選挙区に「刺客」を立てられ、選挙で敗れた議員も少なからずいましたが、それでも選挙区でしっかりと支持者に支えられていた議員は、再び国政に戻ってきています。

自民党には女性の衆議院議員がいなかった

さらに選挙に対する考え方は、私の来歴とも深くかかわっています。上智大学を卒業後、私は帝国ホテルに就職しましたが、いつかは平凡な結婚をして家庭に入るのだろうと思っていました。ところがある日、岐阜弁の電話が入り、「あなたのおじいさんを応援していた。県議選に出馬しないか」と説得されたのです。私の祖父、野田卯一は衆議院議員として建設相や経済企画庁長官などを歴任しましたが、一九七九年の衆院選で落選し、そのまま引退したため、「それなら野田卯一の孫を当選させたい」と願っていたようです。

政治家の子どもというのは、大きく二つに分かれます。親を崇拝してその道に続く人と、徹底的な政治アンチになって近寄らない人。私の父は後者でしたから、孫の私に白羽の矢が立ったのです。最初は「なぜ私が……」と戸惑いましたが、周りからの期待は高まる一方でした。今思えば、それでよかったんです。最初から高い志を掲げ、自分の感情や思いだけで動いていたら、周りが見えなくなってしまいがちです。私はこの時から今も変わらず、支持者から思いを託されて、その声を代弁しているにすぎません。だからこそこれまでやって来られたと思っています。

ここまで言うと、祖父の支持者の声だけに押されて出馬したと誤解されるかもしれませんが、実は岐阜県議会に女性議員が一人もいないという厳然たる事実に驚き、それであれば私が女性の視点を政治に反映させたいという思いが、心の中に芽生えていたのは事実です。しかも当時二〇代という若さで政治家になるケースはきわめてまれでしたので、日が経つにつれて、「女性と若者」という新しい息吹を政治の世界に吹き込みたいと真剣に考えるようになっていきました。そして一九八七年、岐阜県議選に自民党公認で立候補し、当時、最年少の二六歳で当選しました。

岐阜県議を三年務めた二九歳のときの参院選で、当時の社会党の土井たか子さんを中心としたマドンナブームが巻き起こり、女性議員に注目が集まりましたが、当時衆議院には、自民党の女性議員がいませんでした。このままでは自民党にとってよくない、いい女性候補はいないかと金丸信先生が探しておられ、岐阜県議会の重鎮に話を持ちかけたことがきっかけで、衆院選に出ることになりました。残念ながら、九〇年国政への初陣は、自民党からの公認を得られず落選でした。しかし、もう一回だけ衆院選に立候補しようと心に決め、私は選挙活動を再スタートしました。

政策パンフレットを手渡すため、来る日も来る日も歩き回りました。三年間で九万軒以上を訪問したでしょうか。岐阜の郊外では、一軒一軒の距離がとても離れています。山を越えて行くこともしばしばでした。歓迎されず、塩を撒かれたことや、犬に嚙まれたこともありました。しまいには歩きすぎて、かかとが疲労骨折。しかし、こうした地道な活動のおかげで、少しずつ私を支持して下さる人の輪が広がっていったのです。

小選挙区比例代表並立制は政党同士の戦いとされていますが、地域代表としての色彩も濃く出ますから、自民党にせよ、野党にせよ、やはり地域に根差し個人後援会を築くことができたかどうかが、勝敗の分かれ道になってきます。個人の名前を知ってもらい、応援していただくためには、並大抵の活動では足りません。ただ、愚直に活動すれば、それが実を結ぶのだということを私は自らの経験を通じて、学ぶことができました。

とはいえ、小選挙区比例代表並立制で、自民党執行部の権限が絶大になったことは明らかです。まさに郵政選挙はその象徴です。それだけに、総裁はじめ執行部には、より謙虚な姿勢が求められます。私は自らを信じてくれる支持者のおかげで一〇回の当選を重ねてきましたが、誰もが当選できる個人票を固めることは容易ではありません。小選挙区では、個人に対する信頼に加え、やはり執行部の懐の深さや多様な人材を取り込む工夫も不可欠だと思います。

中選挙区制の頃は「今の自民党の政治はおかしい」という声が党内でも公然と出てきて、それが活力になっていました。執行部に唯々諾々と従う議員ばかりになれば、形勢を劇的に変えるゲームチェンジャーが現れず、党の新陳代謝が消えてしまうことになります。それは国民の多様な意見を包摂していた自民党の強みが薄らぐことを意味していると思います。

もう一点、小選挙区比例代表並立制の弊害を指摘するならば、一選挙区で公認候補は一人に限られるために、候補者が現職に固定される傾向が顕著です。私にとってもきついことですが、本来であれば、その都度、予備選をおこなって公認候補を選ぶ方式を採れば、多様な人材の中で切磋琢磨することになり、自民党、ひいては政治そのものが活性化すると思います。

現職優位を打破する女性の人数割当制

とりわけ現状の選挙制度は、女性の政界進出を阻んでいます。複数の公認候補を立てることができた中選挙区制では、女性にも間口が開かれていたと思いますが、今は元来男性優位の政界にあって、小選挙区で男性議員がいったん議席を獲得すると「現職優先」で女性が入る余地がなくなります。

思い起こすと、一九九三年一〇月、衆院選に初当選した後、私は女性としては初めて衆議院政治改革調査特別委員会で質問に立ち、こう問題提起しました。「私が当選できたのは中選挙区制のおかげという面もある。各党一人しか立てない小選挙区制では、たった一人の候補だから負けるわけにはいかないということで、女性が候補からはじかれるのではないか」。

当時、細川内閣の武村正義官房長官は「比例代表では一定の割合で女性を入れ、小選挙区でも政党主体で候補者を決めるので、女性は進出しやすくなる」と答弁しましたが、女性閣僚の久保田真苗経済企画庁長官は「小選挙区制では新顔が出にくく、新制度の初回から女性を候補者にするのが大事。女性議員が一緒になって各政党に働き続けることが必要だ」と同調してくれたことを覚えています。あれから三〇年が経過して、今現在どうなっているかと言えば、自民党が逆風の時や、補欠選挙の時など、世間の耳目を引くために女性候補を立てるという形が定着している気がします。

この現状を是正するためには、私は候補者や議席の一定数を女性に割り当てるクオータ制（人数割当制）を日本も導入すべきだと考えています。男性の知見に偏っている社会を変革するには、女性の政界進出が肝要です。今の選挙制度が日本の社会構造に合っているのかどうか、小選挙区比例代表並立制が導入された時には二つの大きな政党に収束されていくとされ、私も同じ期待を抱いていましたが、現実にはそうはなっていません。選挙制度の検証も必要ですが、これを変えるには時間がかかります。むしろ、どこの政党であれ、小選挙区に必ず女性や若い人を割り当て、立候補できるように、インセンティブ（動機づけ）が欠かせないのではないでしょうか。

選挙制度改革は権力闘争の手段にすぎなかった

元自民党副総裁 山崎 拓

やまさき・たく　一九三六年、中国・大連市生まれ。早稲田大学卒業。福岡県議を経て七二年一二月の衆議院選挙で初当選。福岡を地盤に衆議院議員を計一二期務めた。自民党中曽根派に所属し、旧渡辺派を経て九八年に山崎派(近未来政治研究会)を結成した。防衛庁長官、建設相を歴任し、小泉政権では幹事長、副総裁に就いた。二〇〇九年の衆院選で落選し、その後政界を引退。

打倒「経世会」の執念

衆議院選挙制度改革が叫ばれる中、私は加藤紘一元自民党幹事長、小泉純一郎元首相と政策グループ「ＹＫＫ」を結成しました。われわれＹＫＫは中選挙区時代の鬼子でした。とにかく政治は権力闘争の世界ですから、選挙制度改革という政治テーマもその手段だったわけです。ＹＫＫの行動原理は、田中角栄元首相につながる「田中金権政治」の打破です。

三人は一九七二年一二月の衆院選の当選同期です。当時は、この年の七月にあった党総裁選

で福田赳夫（後に首相）らに勝利し、総理・総裁になった田中の全盛時代でした。

そんなある日、田中金権政治を思い知らされる出来事がありました。年が明けて、一期上のメンバー一〇人が、われわれ三人を含む若手一〇人を呼んで、当選を祝う宴を開いてくれました。

私が中曽根派（政治科学研究所。政科研）、加藤は大平派（宏池会）、小泉は福田派（清和政策研究会。清和会）で、一期上の一〇人は全員田中派でした。後に竹下登元首相を担いで竹下派（経世会）の中核になっていく面々でした。

その時に私が調子に乗って、「あんたらは、先の総裁選では田中角栄に一票を投じたはずだ。札束が乱れ飛んだと聞いているが、一体いくらもらったのか」と聞いたのです。そうしたら一人が、ばか正直に「三〇〇〇万円もらった」と言ったんですよ。

私が「一〇人いるが、一人三〇〇〇万円で、一〇人で三〇〇〇万円か」と聞くと、「いや一人三〇〇〇万円だ」と。私は驚いて「じゃあ一〇人で三億円じゃないか。そんな莫大な金額をもらったのか」と聞いたら、答えたその議員は、その場の議員に一人ずつ「なあ、本当だよな」と聞くので、聞かれた方は困りながらもうなずいたわけです。

われわれ三人はあきれ返りながら帰りましたが、小泉は特に怒っていました。彼は福田が総裁選で敗れたときに、福田の下足番として、やけ酒をあおる福田のお相伴を務めましたから、「田中派がカネをばらまきおって」と、怨嗟の声をぶちまけていた福田の怒りを身に染みて感じたわけですよ。「そんなことをしていたのか、田中角栄のやつめ」と。

それで、田中派を割って経世会を創設した竹下、金丸信元副総理、小沢一郎元幹事長らも同じ流れをくむ同根の者だということで、一貫して「田中金権政治」の打破を目指すことになったわけです。

一九九一年一月頃にＹＫＫ結成

ＹＫＫを結成したのは一九九一年一月頃です。加藤が「われわれも当選回数を重ねて大臣にもなったから、党や国家のことを話し合える同志づくりをしたい」と持ちかけたのがきっかけです。

それで「どういう顔触れにしようか」と聞いたら、「清和会から選ぼう」と言うんですね。政科研と宏池会、清和会の三派から一人ずつ選んで、反経世会グループをつくろうということです。

でも清和会に同年輩は小泉しかいません。私は「小泉はエキセントリックだから、話が合わないよ」と言うと、加藤が小泉と話をしてきて「面白い男だ」となり、それで加わることになったんです。

ちょうどその頃、リクルート事件による国民の政治不信の高まりを受け、自民党内で政治改革の一環として、中選挙区制を廃止して小選挙区制を導入する選挙制度改革の議論が熱を帯びてきました。

派閥による金権腐敗の元凶は中選挙区制であるから、小選挙区制にすれば買収や供応、サービス合戦がなくなり、政治はきれいになるという立て付けですね。当時の海部俊樹首相は経世会支配を脱すべく、選挙制度改革に政治生命を懸けていました。

一方でわれわれＹＫＫは、逆に経世会支配の海部内閣を倒そうと、倒閣ののろしを上げていました。小泉は党総務会で「小選挙区になれば執行部の力が強まり、自由な発言ができなくなる」と、ＹＫＫを代表して反対の論陣を張りました。

七月下旬、ＹＫＫは海部首相から首相官邸に呼び出されました。「次の臨時国会に政治改革関連法案を提出するので、これ以上反対せずに協力してほしい」ということでした。

三人は断り、八月に臨時国会が召集されると、政治改革関連法案を廃案に追い込むことを申し合わせました。われわれが国会議員二〇〇人を糾合して反対勢力をつくろうと動く一方、海部は法案審議をおこなう衆院特別委員会で、政治改革の必要性を何度も何度も訴えました。

そして九月末、特別委の小此木彦三郎委員長が政治改革法案について「審議未了、廃案」とする方針を表明すると、海部は「重大な決意がある」と、衆院解散により民意を問う考えを示唆しました。宏池会、清和会、政科研の三派は、派から出している閣僚に閣議で解散詔書に署名しないことを取り決めたところ、ついに海部は後ろ盾になってきた経世会に引導を渡され、退陣を表明しました。

しかし、九二年夏に金丸が東京佐川急便から五億円の闇献金を受け取っていたことが明らかになり、九三年三月には所得税法違反で逮捕されると、国民の政治不信と金権腐敗への怒りは頂点に達しました。

いったんは小選挙区制に賛成

われわれYKKとしても、とにかく政治改革に真剣に取り組んでいる姿勢を示す必要に迫られました。そこで「派閥による勝手なカネ集めを防ぐ政党交付金の導入とセットならいいのではないか。何はともあれ反対論をトーンダウンさせよう」と、いったんは小選挙区制に賛成したんです。

YKKは政治改革に対して「守旧派」と見られがちですが、賛成の時もあったんです。小泉は「もうとっくに守旧派の烙印を押されているよ」と笑っていましたが。

だけど、時の首相の宮沢喜一がジャーナリストの田原総一朗氏によるテレビインタビューで「政治改革はこの国会でやるんです」と明言したことをきっかけに、政局は風雲急を告げ、自民党は一気に分裂含みとなりました。

そして、内閣不信任決議案の可決を受けた衆院解散・総選挙で自民党は負け、八月に八党派による細川連立政権が発足しました。経世会を割り、自民党も割って不信任案可決と解散を導いた小沢が、あっという間に日本新党の細川護熙代表を担いだんです。

実は、われわれＹＫＫも細川擁立を狙っていたんです。選挙で負けて「どうしようか」と思案していた時、宮沢内閣で建設相をやった経世会の中村喜四郎がなぜかその場にいて「小沢は細川を担ごうとしていますよ。担がれたら八党派の政権ができて、自民党は野党に甘んじることになりますよ」と言うんです。彼は情報通なんですよ。

私は細川と大変仲が良かったので、「しょうがない」ということで細川のところに行きました。そうしたら細川は「いやぁ、小沢さんがさっき帰ったばかりだよ。俺、約束しちゃったよ」と言うので、引き揚げざるを得ませんでした。それで細川は総理大臣になったわけです。野に下ったわれわれは、小沢が掲げる小選挙区制を徹底的に阻止しようと、またまた態度を一変させました。無節操と言えばそうですが、選挙制度なんて権力闘争の手段としか考えていませんでしたから。

河野洋平総裁の下で幹事長になった森喜朗ら自民党執行部は、小選挙区制に賛成でまとめようとしたけど、小泉は総務会で灰皿を投げるような反対の激論をまたやっていました。

結局、一九九四年一月に細川と河野のトップ会談を経て、とうとう小選挙区比例代表並立制が導入されることになりました。

時は流れて二〇〇一年四月に小泉は首相になり、私は幹事長になりました。そして〇五年の郵政解散・総選挙で大勝した後、小泉は何度も言っていました。「小選挙区制だから郵政民営化ができた。小選挙区制だったから反対派に立てた刺客がことごとく勝てたのだ」と。場所は東京・赤坂の料亭「金龍」だったかと思います。

刺客の猛攻に耐え抜いたのは亀井静香とか何人かいましたけど、ほとんど落選しましたからね。小選挙区制でなければそんなことは実現しませんでした。中選挙区制なら落ちなかったんです。

あれほど反対した小泉が小選挙区制をわが世の春のごとく謳歌したのですから、これ以上の歴史の皮肉はないでしょう。

比例で復活できるなら候補者は命懸けで戦わない

ただ小選挙区制の弊害は大きいですね。公認権と政治資金を握る党首脳の力が強くなり、上にもの申す議員がいなくなりました。候補者から見れば、小選挙区と比例代表で重複立候補できるため、小選挙区で負けても比例代表で復活当選することができます。勝っても負けても当選できるのなら、候補者は命懸けで戦わないですね。

それに有権者から見れば、候補者よりも党を選ぶ選挙になるので、候補者は自民党の公認さえ得られれば、個人の資質に関係なく当選できます。議会制民主主義は数合わせの世界なので、ダイヤモンドはいらないんですよ。「一〇〇個の石ころ」があればいいんです。

有権者だって、石ころを落としたと思ったのに比例で復活したりするのだから、ばからしいと思うでしょう。だから投票率も下がり続けています。結果として政治家の質は劣化し、日本という国の衰退につながっているのです。

選挙制度改革の推進論者の中には、改革を進めれば金権政治をなくすことができると、この世から犯罪もなくなるくらいの勢いで訴えていた者もいました。だけど、当時は小選挙区制の副作用はあまり認識されていませんでしたし、最初はわかりませんでした。

確かに政党助成制度をつくったので、カネ集めを大々的にしないですむようになりましたが、抜け穴として政治資金パーティーがおこなわれるようになりました。かつてはパーティー方式なんて夢にも思いませんでしたが、今ではすっかりパーティー花盛りになりました。

なぜ自民党が小選挙区で強いのか

そもそも、なぜ自民党が小選挙区で強いのでしょうか。それは日本国民がブランド主義だからです。わかりやすい例で言えばデパートです。お中元やお歳暮で有名デパートの包装紙のものを贈れば喜ばれ、スーパーやコンビニの包装紙だと怒られるわけです。

有権者に「どの政党を支持していますか」と聞くと、大体三〜四割くらいは自民党と答えるでしょう。野党は一〇%ずつもないですね。三%とか四%とかしかないでしょう。だから、小選挙区制であれば、「自民党です」と言えば多くが当選できるんです。ブランド政党じゃないとダメなのに、野党は分裂しちゃってブランドになりきれないのです。

野党が一つに統合されていけば、政権交代は可能になるでしょうが、そのためには、野党を固めることのできる強いリーダーが出てこないとダメです。だけど、今のところ光彩を放つ人材は見当たりません。

野党の多くは比例代表で救済されることを頼みとして選挙をやっているだけになり、こうして自民党による一党支配が続くことになりました。

政治家の質が劣化したと言いましたが、このままだと政治はいっそう地盤沈下を起こして、日本の民主主義はもうどうしようもない状況に陥ってしまうでしょう。政治に「振り子の原理」が働かないと、民主主義はうまく機能しないのです。

今の選挙制度を見直して、優れた個人を選べるようにしなければならないと、切に思います。中選挙区制に戻すのが手っ取り早いとは思いますが、もう戻すことはできないでしょう。今の小選挙区制で当選している議員ばかりですから、そんなことするわけがありません。

政治家は危機や試練を乗り越えることで鍛えられる。政治家にとっての試練は、本来は選挙なのです。だからかつては「生きるか死ぬか」で戦ってきたんです。

「生きるか死ぬか」と言えば、二〇二一年一〇月に岸田文雄首相の下で衆院解散・総選挙となり、岩手三区で負けた小沢から電話がありました。立憲民主党の比例代表で復活し一八回目の当選は果たしましたが、選挙区では初めて落ちたので、よほどショックだったのでしょう。私のところに電話してくるくらいでしたから。

小沢とはいろいろな確執があり、あざなえる縄のごとき関係で今日まで来ましたが、今はそういう間柄になっているんですよ。

政治改革のキーパーソンは小沢一郎

先にも触れましたが、政治とは権力闘争なのです。選挙制度改革は、小沢が主導して進めたと言っていい。そしてその選挙制度改革は、小沢にとっても権力闘争の手段だったのです。

田中角栄がいつまでも陰でトランプの王様のように存在して、権力を譲らなかったので、いつまでたっても権力が竹下や小沢や金丸に巡ってきませんでした。だから小沢たちは、この絶望的な状況を打破するために田中を倒すことにしたわけです。

小沢は「竹下・金丸体制」の下で一世を風靡しましたが、小沢はまた竹下を裏切りました。竹下が小渕恵三を官房長官にして自分の後継にしようとしたからです。小沢が、政治改革を旗印に羽田孜を担いで経世会を割ったのは、そういうわけです。経世会の権力闘争で小渕に敗れて出ていくのは格好が悪いから、大義を掲げた面もあったのかもしれません。

小沢は、自民党にいれば首相になることができました。だけど首相になっても、たかだか二年なわけです。彼は長く権力の座にいたいと思い、細川、羽田という傀儡政権をつくったのです。政治改革のストーリーのキーパーソンはすべて小沢ですよ。

そんな小沢と対峙してきたわれわれYKKというのは、自民党の中でも特殊なケースです。偶然、一緒に初当選を果たして、それこそ派閥は違えども仲良くなれた。夏目漱石の小説『草枕』の冒頭にある、あの有名な「智情意」そのものです。

「智に働けば角が立つ」加藤と、「情に棹させば流される」山崎と、「意地を通せば窮屈だ」の小泉とね。東大、早稲田、慶應と、三人とも出身大学も違うけど、偶然この三人が時代にはまったんでしょうな。

政党は物言えぬ空気に覆われてしまった

元自民党幹事長　石破　茂

いしば・しげる　一九五七年生まれ。慶應義塾大学卒業。防衛相、農相、自民党政調会長、党幹事長、地方創生担当相などを歴任。

「つまらん議員ばかりになる」小泉元首相の警告

いま振り返れば、選挙制度改革は、当初思っていたようにはいきませんでした。「結局、改善になったのだろうか」という疑問を強く抱いています。あの頃、小泉純一郎元首相は小選挙区制に対して「そんな制度をつくってみろ。自民党執行部と首相官邸の言うことしか聞かない、つまらん議員ばかりになるぞ」と猛烈に反対していました。

それに対し、改革を唱えた当選二回生の私たちは当時「そんなことはない。間違っているとなれば、党本部と官邸に物言う気概を持つのが自民党議員じゃないのか」と反論しました。

当時、私たち「改革派」と呼ばれた議員の主張はこのようなものでした。

「小選挙区になれば、少なくとも政治腐敗の原因というべき政・官・財の癒着を壊すことができる」「日本の政治が抱える数多の矛盾や問題点は、結局のところ、すべて中選挙区制が原因と言っても決して過言ではない」「理論的には、完全小選挙区制が理想だと思う」。

そして、リクルート事件や東京佐川急便事件、いわゆる金丸事件を背景として、自民党経世会の分裂が引き金となり、一九九三年に選挙制度改革を軸とする政治改革を唱えていた小沢一郎氏を中心とする人たちが自民党を離党しました。自民党は野党に転落して、八党派の細川連立政権が誕生します。そして政治改革の目玉として、小選挙区比例代表並立制が導入されたのです。私も小選挙区制を志向し、政治改革を唱えて自民党を離党した一人で、新生党、新進党に参画しました。

この自民党を割って出るまでの過程で、激しい論争を繰り広げていたとき、小泉さんは「やってみれば、俺の言っていることがわかるよ」と言っていましたが、結果的には、小泉さんらの意見は正しかったのかもしれません。私の予言は外れてしまったからです。

中選挙区制の頃は、二〜三時間も話し合いが続くことが日常茶飯事だった自民党総務会。梶山静六、粕谷茂、亀井静香各氏ら重鎮の頭文字から、スキージャンプに倣い「K点越え」の言葉もあったほど、総務会を乗り切るのは非常に大変でした。

この総務会も、今ではほとんどの議員が発言すらしない会議となっています。私も久しぶりに総務会のメンバーになりましたが、村上誠一郎さんがおられなくなって、意見を述べるのは私くらいになってしまい、忸怩たる思いが拭えません。「つまらん議員ばかりになるぞ」と喝破した小泉さんの往時の言葉が去来します。

なぜ、物言えぬ空気に覆われるようになったのか。やはり小選挙区制になり、選挙の時の公認や応援、あるいは政治資金を差配する執行部ににらまれたくない、という思いが先に立つという面が出てきたのではないでしょうか。あるいは党や国会、内閣におけるポスト配分についても、自民党執行部が考えるわけですから、下手に批判的な意見を言って、自らの人事に響きかねないのであれば黙っていよう、そう考える議員が多くなったとしても不思議ではないでしょう。

自民党がそんな状態にありながら、なぜ国政選挙で勝ち続けて多数を占めているのかと言えば、野党が自民党よりもさらに国民の支持を得られなくなっているからです。決して、自民党がすばらしいという評価を受けて勝ち続けているわけではありません。

加えて、自民党が公明党と連立を組み、ほとんどの選挙区で協力しているのに対し、野党は一向に協力態勢を組めません。この構図が続くままでは、自民党本部にも自民党候補者にも、危機感が生まれないのもしかたないのです。野党が多弱となるほど、与党もたるんでいくものだと思います。

小選挙区比例代表並立制を導入した後、二〇〇九年に民主党政権が誕生しました。これによって政権交代が可能になり、二大政党制へ収斂されていくのではないかとの期待もありました。しかし、民主党政権からはわずか三年で人心が離れ、下野を余儀なくされました。政権公約(マニフェスト)が絵に描いた餅だった、官僚組織を使いこなせなかった、統治能力が欠如していた——。民主党政権に対する批判は、数え上げればきりがありませんが……。

正しいと思われた制度がなぜ機能しなかったのか

少なくとも「二大政党制になって、国は良くなる」という方向には進まなかった、というのは事実だと思います。理論的には正しいと思われたはずの制度は一体、なぜ機能しなかったのか。自戒を込めて、この点を突き詰めて考えていく必要があります。

私自身は中選挙区制で当選するほうがおそらく楽だったと思いますし、自分のことだけ考えれば、選挙制度を抜本的に変える旗を振る必要はなかっただろうと思います。しかも当時、上層部も含めて自民党の大半は選挙制度改革に反対でした。

にもかかわらず、なぜ私が「政治改革の旗手」と称されるほど、前のめりになっていたのかと言えば「自民党同士で相討ち、サービス合戦になっているのは不毛だ。政策本位で、二大政党が戦う制度に変えるべきだ。それには中選挙区制を変えなければならない」と真剣に考えていたからです。

同じ自民党の候補が敵となり、互いに悪口を言い合う。そんなことにエネルギーを費やす中選挙区制とは何なのだろうと疑問に思っていました。自民党同士が争うのは嫌だという素朴な気持もありましたし、不毛な争いとなる中選挙区制に嫌気が差していたのです。

中選挙区制のときは、知事は何派が取るのか、県議会の多数は何派か、市町村議会議員の派閥別の勢力はどうかなど、同じ自民党の中で、そんなことを競い合っていたのです。地方議員が東京に来て陳情する時も、夜になると、同じ選挙区で別々の派閥に属する議員の系列ごとに夕食会や懇親会が開かれるわけです。その集まり具合が次の選挙を占うバロメーターにもなるので、陳情団が来るたびに一喜一憂していました。

中選挙区で競う自民党の議員にとっては、それぞれの生き残りのかかった一大事です。しかしながら、それはあくまでも議員同士の争いであって、国家の利益はおろか、地域の利益ともかならずしも合致するものではありませんでした。いつまで、こんな内輪の争いを繰り返さなければならないのだろうか。本来なら、自民党議員として志を同じくしているはずの議員同士が不倶戴天の敵のように反目し合ったり、足を引っ張り合ったりする。そんな中選挙区制がたまらなく苦痛で、私は小選挙区制へ傾斜していったのだと思います。

時あたかも米ソ冷戦の終結直後です。外交や防衛、財政といった国家の骨格や行く末を本当に議論できる政治を実現する選挙制度をつくりたかったし、今でもその思いは変わりません。選挙とは本来、各候補者が異なる政策を掲げて、有権者はその政策の相違に一票を投じるべきであり、個人的な好き嫌いや地元の利益誘導が判断の基準になってはいけないと考え、当時の「改革派」はみんなこの問題意識を共有していました。

小選挙区比例代表並立制は一九九六年の衆院選から導入され、私は「これで日本の政治は良くなっていくに違いない」と本当に信じていました。しかし、その後の経過は必ずしも期待したものではありませんでした。

再度の政権交代の可能性

小選挙区比例代表並立制によって、党執行部の権限が強大になり、物が言いにくい雰囲気になったかもしれませんが、一方で、政策を争点にした選挙が可能となり、それによって、国民が政権を選択できる仕組みが整ったということは言えると思います。現在の野党は多弱の様相を呈していますが、自民党とは違う政策の方向性である程度の塊をつくることができれば、また政権交代が起きる素地は十分に残っていると思います。

自民党が二〇一二年に政権復帰を果たしたのも、小選挙区比例代表並立制が大きく影響したと思います。これまで自民党では「小泉チルドレン」、野党では「小沢ガールズ」などという言葉も生まれましたが、それは世襲議員や金持ち、タレントではない、普通の人が議員になれる機会を与えたとも言えることですし、大きな意味があると思います。

この選挙制度は大量当選か大惨敗になりやすい、いわば時の風向き次第で議席数の振幅が激しい仕組みであり、だからこそ政権交代を容易にすると言われているものです。同時に、小選挙区比例代表並立制は、与野党を問わず留意しなければならない、数字のマジックも内包しています。

民主党が政権を奪取したときの衆院選では、その得票率は四七％だったにもかかわらず、全体の七四％もの議席を獲得しました。民意は半数であるのに、あたかも国民四人のうち三人が支持したと錯覚してしまうマジックがそこにはあります。もしかすると、民主党が政権運営を失敗した根底に、この錯誤があったのかもしれません。

同じことは自民党にも言えます。政権復帰を果したしたときの衆院選で、自民党は四三％の得票率で七九％の議席を獲得しました。小選挙区に比例代表の並立制で、なおかつ比例復活を考慮しても、やはり小選挙区ではいわゆる死票が多くなるので、得票率と議席の獲得率に差が生じるのは致し方ありません。

大切なのは、政権与党がこの制度の特徴をしっかりと認識して、国民や世論に対する畏《おそ》れの気持を忘れず、謙虚に政治を司っていく、ということです。どのような政策にもメリットとデメリットがあります。少数派の意見にも耳を傾けながら、説明責任を果たしていく姿勢がより求められます。

小選挙区制の良し悪しではなく、どう運用するか

なぜ二大政党制が定着していないのか、それはわかりません。日本の国民は米国や英国のように二つの理念では分けられないという指摘もありますが、知事選や首長選は小選挙区と同じ一人を選ぶ仕組みとして定着しています。

だから、小選挙区制が良い悪いというよりも、この選挙制度をどう運用するかという意識の問題のほうがより重要だと考えます。党の求心力が強まる仕組みなわけですから、党のリーダーや執行部には、中選挙区の時以上に識見や度量が求められているということでしょう。

小選挙区比例代表並立制の導入に伴い、達成された目標もあります。たとえば、選挙や政治にかかる金額は、中選挙区の頃に比べて一桁以上減ったと思います。また多くの党で公募制度が定着し、政治の世界につながりを持たない人でも、立候補者となる道が開かれました。

私は、やはり健全な二大政党制というのは、ひとつのあるべき姿だと思っています。政策の明らかな失敗があったり、スキャンダルなど政権としての立ち居振る舞いに明らかな失点があったりした場合には政権交代が起こる、というのが、浄化作用としてはわかりやすいと思うからです。

しかし、これは相手次第でもあります。自民党のほかに、もう一つの政党が、その目指す政策的方向性をはっきりと国民の前に打ち立てられなければ、おそらくこのまま自民党の一党支

配が続くことになるでしょう。

日本は民主主義、国民主権の国です。ですから、主権者たる国民は、自分たちが為政者ならばどうするだろうか、せめて投票の時だけでも、そのように考えて、一票を投じていただきたいと思います。この観点で言えば、国政選挙は無論、地方選挙でも投票率の低下傾向に歯止めがかからない現実を、政治家は深刻に受け止めなければなりません。これでは、小選挙区制という選挙制度とも相まって、民意と政治勢力に大きな乖離が生じてしまいます。

政治家は国民を信じているか

しばしば政治不信という言葉を聞きます。国民が政治を信じていない。では、政治家は国民を信じているのか。「どうせこんなこと言ったって国民にはわかりっこない」「甘いことを言っておけばいい。次の選挙さえよかったらいい」。そう内心で思っている政治家も少なくないでしょう。つまり、政治家の側も国民を信じていない、ということではないでしょうか。

国民の歓心を買うような話ばかりしていれば、国家の運営は当然ながらいつか成り立たなくなります。あらゆる行政サービスや福祉、公共事業を約束して、税金はなるべくとらない、そんなことをやっていて財政が持続するわけがありません。受けが悪くても、必要と考えられる政策については国民に対して、真剣に説明し、納得を得ることが、政治家の仕事です。

メディア各社の世論調査の「次の自民党総裁にふさわしいと思う政治家」という質問に対す

る回答で、私がノミネートをいただき、上位にランキングしていただくことが多いのは、主権者たる国民に対して、できるだけ誠実に正直に説明していきたいと思っていることがご理解いただけているからではないかと思っています。

政治家は、国内外に課題が山積する日本の針路を指し示さなければなりません。しかし、そういった政治家を輩出するのは有権者です。

よく、「投票したい候補者がいない」という声も聞きます。しかし「投票に行かない」という行動は、その不満を表すことにはなりません。むしろ投票しないという行動は、客観的に見れば白紙委任であり、どのような候補、どのような政権でもいいです、お任せします、という意思表示となってしまいます。もし候補者に不満があるなら、白票を投じるべきです。もっと言えば、各党の政治活動から判断すれば、投票するにふさわしいと思う候補者を選ぶこともできます。

国民主権の前提は、できるだけ多くの有権者が選挙に参加することです。そうでなければ我が国の民主主義を機能させることはできないのです。

国民の支持層分布と制度の深い溝

選挙・政治アドバイザー　久米 晃

くめ・あきら　一九五四年生まれ。業界紙記者を経て、八〇年に自民党本部職員となる。以降、一貫して選挙実務に携わり、二〇〇二年に選挙対策本部事務部長、一一年以降は党事務局長も兼務。その後、首席審議役を経て一九年に定年退職。現在は選挙・政治アドバイザー。

政党よりも人を選ぶ日本の有権者

日本では明治二三（一八九〇）年に初の衆院選が実施されて以来、有権者は政党や組織よりも個人や人間性を基準として投票してきました。それが、小選挙区比例代表並立制の導入により、政党同士が競い合う構図になると言われましたが、結果は違います。なぜかと言えば、地域の代表者を選ぶ、人を優先して投票するという、日本固有の土壌が今も連綿と続いているからだと思います。

選挙制度改革の発端は、リクルート事件や東京佐川急便事件といった「政治とカネ」を巡る問題でした。中選挙区制だと自民党から複数の候補が立って同士討ちになる。その結果、サービス合戦になるからカネがかかる。ゆえに、疑獄事件が後を絶たない。選挙制度改革によって政策本位の選挙になり、結果二大政党に収斂されていく――。そんな空理空論でした。

本来、政治改革は多角的に取り組むべきテーマであるにもかかわらず、政治家が絡む一連の事件の原因を選挙制度だけの問題にすり替えて議論し、結論を導き出してしまった。このように、何か問題が起こると、物事の本質ではなく、制度や形を変えて済ませるというのは、日本人特有の悪い癖が出たと思います。子どもが巻き込まれる犯罪事件が増えると、防犯ブザーを与える。企業で不祥事が起きると、すぐに検証委員会などを立ち上げ、小手先だけの「改革」なるものを喧伝する。こうした対応も核心を突くものではなく、表層的な措置にすぎません。

選挙制度改革はその最たるものです。いや、むしろ、実態にそぐわないという意味ではもっとも重大な錯誤だったかもしれません。

つまり、政治改革イコール中選挙区制廃止という誤った認識が、メディアも同調することで拡散して、世論が熱病に冒されてしまったわけです。

実際、以前ほど政治にカネはかからなくなったかもしれません。他方、自民一強と野党の多党化で、自民党で派閥が息を吹き返してしまいました。それが安倍派(清和政策研究会)に象徴される政治資金パーティーでの政治資金収支報告書への不記載、つまり裏金問題の大きな背景です。岸田政権は、リクルート事件を受けて、自民党が党議決定した「政治改革大綱」に立ち返って実践すべきです。そこには「派閥の弊害除去」が明記されています。

要するに、二大政党制は絵に描いた餅に終わったのです。私は改革論議の時、まだ若手の党職員でしたが、「改革派」「守旧派」とレッテルを貼り、ばか騒ぎしていると見ていました。今でも改革の発想は誤りだったと確信しています。

投票の基本は候補者個人への信頼

確かに、旧民主党が二〇〇九年から約三年間にわたって政権を担い、一時的に二大政党のような構図になりました。しかし私は、これは自民党から人心が離れた反動で野党が政権を一時的に奪取した結果に過ぎないと思っています。なぜかと言えば、そもそも日本では今の選挙制度が想定した二大政党が形成されるような有権者の二極化が起きにくいからです。

日本が参考にした英国では、歴史的に低所得層や都市部出身者の支持が多い労働党、一方、それに対して保守党はどちらかと言えば中間層や富裕層などの有権者からの支持が多いと言われています。明らかに保守党と労働党それぞれの性格も違い、支持層も大きく分かれているわけです。しかし、日本は違います。それぞれに異なる地域性を帯びた選挙区から、その地域の代表者に投票するという構図は今も変わっていません。

つまり日本では、政治家とは基本は地域の代表であり、選ぶときの大きな基準は、その候補が信頼できるのか、一票を投じるに値するのか、ということなのです。よく「政策論争」なんて言われますが、中身以前の問題として、いったい「誰が語るのか」が肝要なのです。どんなに美辞麗句を言っても、信用できない人では説得力は持ちえません。「きっとこの人なら実行してくれるのではないか」という信頼感こそ重要で、政策よりもそれを発している人を見極めているのです。

要するに、候補への信頼、日常的な活動が当落を大きく左右します。それは与党でも野党でも変わりません。自民党の公認を受けても、自民支持層の七割しか得票できない人は当選もおぼつかないのです。では、日常的な活動とは何かと言うと、地域で働く人たちとの膝を交えた接触です。農林水産業を糧とする人しかり、地元の中小企業経営者、個人事業主しかり。そうした地域の縮図から民意をくみ取った土台の上に政党の支持率が影響を及ぼすわけです。

時の政治の情勢次第では、都市部では政党に吹く風が当落に直結するケースが目立ちますが、私から見れば、あくまでも選挙の基本は候補個人です。政党があって個人がそこに乗っているのではなく、まず候補者の人柄であり魅力。自民党の候補者であっても小選挙区で落選する者はいます。自民党でも野党でも、どんな逆風が吹いても勝ち上がって当選を重ねている議員は、地域に根ざしたしっかりした後援会組織をもっています。野党でも選挙に強い人、たとえば立憲民主党の岡田克也幹事長などはその典型的な例ではないでしょうか。

換言すれば、自民党はイデオロギー政党ではなく、地域代表あるいは業界代表の個人の集合体とも言えます。

日本がお手本にした欧州の政党は、ドイツのキリスト教民主同盟や社会民主党などのように、みんなイデオロギーや宗教観を持った政党です。しかし、日本の政党、とくに自民党はまったく違います。もともと自由党と民主党が一緒になった政党ですし、地域を代表する人や業界団体の世話役が議員バッジをつけて、自民党という名の権力の器に集まっているというのが内実ではないでしょうか。そんな政治風土に英国の制度を持ち込んでも成功するわけがありません。選挙制度改革論議が花盛りのときに叫ばれた「政権交代可能な二大政党制」ですが、私はちょっと違うなあ、と冷めて眺めていたことを昨日のように思い出します。

安倍政権以降、よく「自民党の岩盤支持層」という言葉がメディアでも多用されるようになりましたが、ここで言う「岩盤支持層」というのが本当にどれほどいるのか、私には疑問です。ネットの普及で実態以上に大きくとらえられているのではないでしょうか。自民党支持の最大の武器は地域住民や社会、さまざまな仕事や業界団体の声を汲み上げていく包摂力だと確信しています。

確かに、一対一の戦いを想定した小選挙区制では、政策の是非を競う側面が強くはなりましたが、自民党の本質は大きな度量です。それゆえに、長きにわたり政権与党の立場にあり続けたのだと思います。対立軸をことさらにあおって敵を罵倒したり、その結果として味方を増やしたりしていく手法は、決して自民党本来の姿ではないと思います。

近年、ネット社会の影の部分の影響でしょうか、奇妙なことに「自民党の保守派」であるとか、「親中派」だとか、きわめて一方的なレッテルを張るような言説が横行しています。こうしたやり方は自民党の幅を自ら狭めていると感じます。私はもともと安倍晋三元首相よりも、もっと保守的な考え方を持った人間ですが、国政であれ、外交であれ、強気一辺倒の攻撃だけでは立ち行きません。力に頼るだけでは日本を焦土と化してしまった旧帝国陸軍と変わりません。世の中は万事駆け引きです。どこかで相手が引くところ、出口をつくってあげるような才覚が必要です。さもなければ、最後は衝突するだけに終わります。

「保守的な無党派層」こそ自民党支持層の中核

自民党支持層というものは決して強固な岩盤があるわけではありません。むしろ「保守的な無党派層」が中核を占めています。自民党が有権者の期待に応えていないと判断されれば、自民党支持層もお灸をすえるために他党の候補に票を投じることさえあるのです。

ただ中選挙区制から小選挙区制への移行で変化してきたものもあります。先ほど、有権者は人を選ぶと申しました。基本は同じですが、その傾向がやや弱くなってきたことも事実です。

人物評価の部分がかつてよりも後退してきて、党首の「顔」や時々の「風」に左右されるケースが出てくるようになりました。

一選挙区で三～五人を選ぶ中選挙区制ではざっと、有効投票数の三分の一～五分の一を獲得すれば、当選できました。それゆえに、各候補が専門分野を持ったり、個性を売りにしたりする戦いが可能だったのです。別の言い方をすれば、中選挙区制で複数の自民党候補が得意分野をアピールしながら切磋琢磨する。そして全体で有権者の六割の支持を得て複数の当選を果たし、地域や国政で役割分担が図られる土台になったのです。しかし、自民党支持は近年、三～四割程度にとどまり、目減り分の大半は無党派層の増加によるものとなっています。

小選挙区制では相手候補が一人の場合、有効投票数の過半数を取らなければ勝つことはできません。そうなると、まず党首の「顔」が大事です。不人気な党首の下では苦戦を余儀なくされます。また、選挙区の過半数の得票が必要になるので、みんなに良い顔をする方が当選しやすくなります。間違っても、有権者に「あなたの意見は誤りです」なんて言えません。ともかく敵をつくらず、ひたすら八方美人に徹することが求められます。そうでもしない限り、一人を選ぶ「人気投票」でトップの座を奪取できないのです。結果として、専門性や個性というものが埋没し、ポピュリズムに陥りがちになるわけです。

従来から、世論調査で「自民党支持」と答えた人のすべてが自民党候補に投票するとは限りません。小選挙区で勝ち上がる自民党候補はその選挙区の自民党支持層の八割以上を固めています。自民党支持層の七割以下しか押さえていない候補は、たとえ自民党公認でも負けてしまうのです。選挙ではたびたび、無党派層対策の重要性が指摘されますが、まずはこの足下の自民党支持層をまとめることが不可欠です。繰り返しますが、その時に大切なことは政策や公約以前の問題として、候補個人の人間性への信頼なのです。

野党は「今の政治への不満」を吸収できるか

自民党以外の政党はどうかと言えば、創価学会を支持母体とする公明党、そして共産党は明らかに組織政党です。自民党に対抗してきた旧民主党は、立憲民主党と国民民主党に割れています。いずれも労組のナショナルセンターである連合が支持の中核ですが、その連合が官公労・日教組と民間労組で支持政党が分裂している。これでは、選挙制度が想定する二大政党制は実現のしようがありません。

野党は、政権与党として国民生活の基礎を担う自民党への不平や不満を吸収しているのです。野党が自民党の失政やスキャンダルを攻撃して選挙戦を戦い、有権者の多くがその通りだと同調すれば、政権交代は起きます。しかし、民主党政権は、政権奪取後にお粗末な政治をして、人心が離れてしまい、さらに安倍元首相が「悪夢の民主党政権」と繰り返し叫んだのですから、もはやその流れをくむ立憲民主党が世論の支持を集めることは難しいでしょう。

私は、国政選挙での有権者の判断は「今の生活、政治に満足しているのか、不満なのか」

「自民党に入れたいか、入れたくないか」に尽きると確信しています。もちろん、その前提として、先ほどから指摘している候補個人の問題もあります。失政やスキャンダルで政治が大きく動く局面では、この候補の信頼性とは別次元の力学も強くなります。それが「自民党か、それ以外か」という選択です。

時の政権への不満が募れば、自民党以外の「よりマシそうな政党」「自民党以外ならどの政党でも」へ一票を投じるわけです。良きにつけ、悪しきにつけ、自民党を軸として振幅してきたのが日本の政治なのです。

そもそも今の選挙制度と国民の支持層分布に深い溝があることは否めません。自民党が大きなスキャンダルで支持を失い、かつ野党が大きな塊になったときにしか政権交代は起きにくいのです。

志ある人がスタートラインに立てない選挙の不平等性

本来は中選挙区制の方が日本の風土に合っていると思いますが、小選挙区比例代表並立制で当選してきた人が制度を変更するのは無理でしょう。自分たちが当選してきた制度を自ら壊すはずもありません。

とはいえ、少なくとも選挙運動の平等性を確保する改革は急務です。どこの政党にも属さずに無所属で立候補すると、政党からの公的な資金もなく、政見放送にも加われない。ポスターもビラも半分だけで、圧倒的に不利です。今のままでは、志のある人材が政治の世界に飛び込もうとしても、門戸がきわめて狭い。有能で高い志を持つ人たちがスタートラインにすら立てない現状を深く憂慮します。このままでは、小選挙区の議席はそれぞれの議員の「私有財産」になってしまいます。

また中選挙区制のときにも二世議員は多かったとはいえ、一つの選挙区から自民党だけで三〜四人程度立てることができました。無所属で出ても自力で当選して、その後に自民党に入る人もいました。ところが小選挙区制では、そもそも選挙戦にゲートインできないのです。

公募のときには、選考する支部長や役員が現職とつながりの深いケースが多く、その場合、二世を選びがちです。つまり、自民党執行部や都道府県の幹部と強固な関係がない人にとっては、名ばかりの公募になっているわけです。地盤がない若い人が自民党から出馬できないのは問題です。ただし世襲議員でもダメな人は落選するわけで、結局は有権者の判断になります。議員は国民を映し出す鏡です。もし世襲議員がダメなら落選するだけですが、他に有為な候補が立ちにくい現状は改めなければなりません。

小選挙区比例代表並立制を抜本的に見直すことは難しいにせよ、部分的な修正は検討すべきだと考えます。無所属でも出馬できるよう門戸を開けることに加え、比例復活当選の基準をしっかりと議論すべきです。たとえば、ある政党は惜敗率、つまり当選者に対して何％の得票率だったかという数値で見ると、九〇％以上でも落選する人がいる一方で、別の党では三〇％にも満たないのに当選する人がいました。これは明らかにおかしい仕組みです。惜敗率の下限を五〇%とするなど明確なラインを設けるべきだと思います。

時代を振り返れば、昭和から平成、そして令和と歳月が流れ、政治家の意識も有権者の意識も大きく変化してきました。戦争を経験して戦後復興、高度経済成長の時代には戦争で生き残った人たちが戦争で亡くなった人の思いも重ねて、世のために、人のためにという信念を抱いていた政治家が少なからずいました。もちろん市井の人々も含めて、そうした使命感と責任感こそが日本を再興した原動力にもなったと思います。

平成以降にそれが失われたとまでは言いませんが、薄らいできたことは確かだと思います。結果として、政治と有権者の関係性も変容しました。

下がり続ける投票率が物語ること

かつては「夢と希望」を訴える、売り物にする、それが政治への期待でした。もっと豊かに、明日は今日よりも素晴らしい、そう願い信じて生きる時代だったのです。

平成の時代は、おおむね太平で生活はそれなりに満たされましたが、どこか道標の喪失感がありました。それは同時に、政治が羅針盤を失った時代とも言えるでしょう。小選挙区制はまさに、この時代状況に拍車をかけたと思います。有為な人材が政治の世界に飛び込みにくくなったからです。いま、政治家は何を訴えたらよいか、考えあぐねるようになってしまった。少子高齢化が加速して、それに連動して経済も低迷する時代になり、「夢と希望」よりも、むしろ政治が「不平と不満」の発露の場と化していったのです。

昭和期には国政選挙の投票率は七〇％を超えていましたが、近年は五〇％台で低迷しています。かつてのように信用できる人が減ってきている現実がその原因でしょう。さらに、世の中が成熟から縮小へ向かい、国民の要求も多様化しています。その結果、政治に「夢と希望」を見出し得ないまま、棄権している「声なき声」が膨らんでいるという実態を示しているのではないでしょうか。

自民党は政権を奪取してから国政選挙で連勝してきました。しかし、この間、投票率はずっと下がり続けています。有権者の半分強しか投票所に足を運んでいません。二〇二二年の参院選で自民党の比例代表の得票数は一八〇〇万程度でした。これは野党の全得票数よりも少ないのです。野党がばらばらで勢いも欠く現状によって、自民党は救われているのです。したがって、自民党はこの状況に決して甘んじてはいけません。投票率の低下に歯止めがかからない現実は、政治に対する期待の欠如であり、与野党は深刻に受け止めるべきです。

私はどんな時代状況にあっても、国民に夢を売るのが政治の役割だと信じて疑いません。内外ともに厳しい環境の中で、どれだけ国民に希望を抱かせることができるのか。選挙制度と国民の実相に不整合があっても、与野党の政治家には、そんな志を抱いてほしいと願ってやみません。

第3章 政権交代の夢と現実

船田 元
田中秀征
岡田克也
辻元清美

「熱病」から覚めて見えてきた蹉跌

自民党衆議院議員 船田 元

ふなだ・はじめ　一九五三年生まれ。慶應義塾大学大学院修了。七九年の衆院選に最年少二五歳で初当選。文部政務次官などを経て九二年に経済企画庁長官。自民党から新生党、新進党、無所属を経て九七年に自民党復党。現在は自民党衆議院議員総会長。

私は一九七九年、祖父・船田中の地盤を引き継いで中選挙区制度下の旧栃木一区から衆院選に立候補し、史上最年少の二五歳で当選しました。当初は最大派閥だった木曜クラブ（田中派）に所属しましたが、この後、田中派は分裂して、私は竹下登元首相が結成した経世会（竹下派）に参加しました。さらに、九二年には宮沢改造内閣で、当時としては戦後最年少の三九歳で経済企画庁長官に任命されました。自民党の主流派の中でも恵まれたコースを歩んできたといえるでしょう。

その直後、羽田孜さん、小沢一郎さんらが結成した「改革フォーラム21」（羽田派）に加わりました。九三年六月には野党が提出した宮沢内閣への不信任決議案に羽田派が賛成することを決めました。私は閣僚を辞任し、宮沢首相は衆院解散・総選挙に踏み切ったのです。

同月、羽田派は新生党を結党して、自民党が下野した後の細川連立政権に参画しました。私は新生党の政務幹事（国対委員長）として、代表幹事だった小沢さんを支えると同時に、八党派の調整役の一端を担いました。

この間、政治の最重要テーマは一貫して政治改革でした。細川護熙首相と河野洋平自民党総裁は九四年一月のトップ会談で、小選挙区比例代表並立制を柱とする政治改革関連法案の修正に合意しました。そして、新制度での選挙は九六年に初めて実施されたのです。

「選挙制度改革は熱病だった」の真意

この合意から選挙までの間の一九九五年春、私は月刊誌の対談記事で選挙制度改革を巡り、次のような発言をして物議をかもしました。

「端的に言えば、やっぱり熱病だったということでしょう。ただ、その熱病は、そう悪い方向ではなかったんです。途中で小選挙区制という制度の問題に重きが置かれたという点の反省はありますが、停滞ぎみの政治状況を打ち破るには相当なインパクトがあったし、国民もそれを非常に期待していましたから、大筋ではよかったと思うんです。しかし、政党や派閥を超える動きは起こったものの、では、政治改革が何をつくりだすかというと、結局、何もつくらないわけですね。熱病に冒された若い人たちをもう一度、糾合するメルクマールがなくなった。若手の持っていたエネルギーを新進党が全部吸収したとも思えないし、ましてや自民党、社会党が吸収しているとは思わない。そのエネルギーは、空中に放散されてしまった感じがするんです」(『月刊現代』一九九五年六月号)

まだ最初の選挙さえ実施されていない時点での発言ですが、私は、ここで語ったような漠然とした懸念を拭い切れませんでした。小選挙区制の導入を主導した人たちからは「今さら何を言っているんだ!」と、かなり批判も受けました。しかし、小選挙区制への大きな流れというか、騒ぎが収まってみると、はたしてこれでよかったのかという懐疑の念が膨らんできたのです。小選挙区制が何をもたらすのかについて十分に吟味をしないままに、「小選挙区制=政治改革」というイメージをつくり上げ、みんながそれに踊ってしまったのではないかという反省でした。

あの時は、政治資金規正法や公職選挙法の抜本的な改革にも至らないまま、「政治改革」がいつのまにか「選挙制度改革」に矮小化してしまいました。この単純化こそが「熱病」の一因だと思います。その危うさをほどなく察したがゆえに、小選挙区比例代表並立制の選挙を一度も経験していないにもかかわらず、「熱病だった」と表現してしまったのです。

小選挙区制では専門性を持った議員が育たない

一九九六年からこれまで小選挙区比例代表並立制のもと、計九回の衆院選が実施されてきましたが、振り返ってみれば、中選挙区制の時より日常の政治活動も選挙運動も、かなりしんどくなりました。もちろん、私たちは地域や国家、国民のために政治家として負託を受けているのですから、寝食を削ることは覚悟しています。では、なぜ、よりしんどくなったかというと、問題は別のところにあります。

中選挙区制当時の定数は三～五人区でした。たとえば五人区であれば、有効投票数の二割程度、三人区なら三～四割の有権者から支持を受ければ当選を果たせたわけです。ところが、小選挙区での一対一の戦いとなると、有効投票数の過半数の方々から名前を書いてもらわなければなりません。この違いが、政治活動にも選挙運動にも非常に大きな差異を生じさせているのです。

中選挙区制の時には、ある程度自分の専門分野や得意分野に特化して実績を重ね、その積み重ねを有権者に訴えることが選挙での勝利につながりました。しかし、小選挙区制ではオールマイティというか、あらゆる分野において、自身の考え方や実績を蓄えていくことが求められるようになりました。

悪く言えば八方美人になるということですが、諸事万端にわたって政策に精通したり、実現したりすることは不可能です。このため、どこか中途半端になってしまうのは、全国の小選挙区選出議員の共通した悩みではないでしょうか。

加えて、最初から覚悟していたこととはいえ、やはり党執行部の力がきわめて強くなってしまいました。自民党本部の公約や、さまざまな問題に対する党の立場について発言する時には、かなり気を遣うようになったと思います。自民党内には「党執行部の意向と少しでも外れたことを言えば睨まれてしまい、下手をすると公認を受けられない」といった怯えもあると思います。

もちろん政党ですから、決まった結論には従うのが原則です。問題は、それ以前の議論の段階から「物言えば唇寒し」といった風潮が蔓延していることだと思います。政党人としての縛りが息苦しさに転じて、物を言えない政党になってしまっては、代議制は損なわれかねません。二〇〇五年、小泉政権が掲げた郵政民営化に反対した議員に「刺客」を乱立させた郵政選挙が象徴的でした。安倍政権においても、憲法改正など右派の主張が、あたかも党全体の一致した考えのような印象を与えましたが、あれも党内議論が逸失した負の側面が如実に表れたと思います。

顧みれば、小選挙区比例代表並立制が導入されて以降、大半の時期にわたり、清和政策研究会(清和会。安倍派)が自民党を牛耳ってきました。しかし、清和会は自民党の中でも比較的イデオロギー色の濃い派閥で、保守本流として多様な考えを包摂してきた自民党にあっては、多少異質な集団だったのです。執行部に権限が集中する現行制度で、安倍さんが長期にわたって政権を担ったことで、良きにつけ悪しきにつけ、自民党に対するイメージは変容してきたと思います。

現行制度は六〇点、理想は中選挙区連記制

私は小選挙区比例代表並立制がまったくダメだったと結論づけているわけではありません。百点満点で言えば、六〇点くらいでしょうか。どんな制度も功罪の両面を併せ持っています。とりわけ選挙制度には完全版、ベストと言えるものは存在しません。現行制度の良い部分を生かして、悪い側面をなるべく少なくしていくしかないと考えています。

小選挙区制のメリットとしては、やはり政権を選ぶことができる、つまり政権交代が比較的可能であるということがあります。細川連立政権が誕生した時は中選挙区制でしたが、八党派が組むという特殊な状況でした。その後、現行制度で民主党が二〇〇九年に政権を奪取していますから、政権交代が可能な制度であることは歴史的に証明されています。

ただ、私はこの政権交代は一過性のものであり、日本の政治風土や国民性にはなじまないと思います。私自身、一時期は「小選挙区制で政権交代可能な二大政党を目指す」という呪文にはまってしまいましたが、先に述べたように、それは幻想であると最初の選挙の前に気づきま

した。制度だけ英国を真似たところで、国民の支持層が二つの政党に割れるような構造になっていないからです。

もし、二大政党を構想するならば、現状では「自民党vs反自民政党」ということになると思いますが、反自民だけでは政党として永続しません。一九九四年、新生党の後に自民党に代わる保守政党として、新生党、公明党の一部、民社党、日本新党、自由改革連合などが合流して結党した新進党は、三年ほどで瓦解しました。小沢さんの指導力の問題に加え、自民党以上に根っこがばらばらな議員が集まっても、一時的な「反自民」に過ぎなかったのです。

政権交代を実現した民主党もその後、現在の立憲民主党と国民民主党に割れています。この現実こそ、二大政党制の難しさを証明しているのではないでしょうか。

話を小選挙区制の足らざる四〇点に戻すと、それは中選挙区制でのメリットについてもどのように復活させて取り込んでいくかに行き着くと思います。自民党内でも私の地元でも、折に触れて、中選挙区制へ復活させた方がいいという声は聞きます。その最大の理由は、一人しか選べない小選挙区制が有権者の選択肢を狭めてしまったという反省と後悔が大きいことです。

もちろん、自民党の同士討ちやサービス合戦が指摘された昔の中選挙区制にそのまま戻すべきではありません。かといって、これから未来永劫、小選挙区比例代表並立制を継続すべきだとも思いません。中選挙区制と小選挙区制双方の利点を併せ持つ、中間的な選挙制度を超党派で模索すべきだと思います。

では、どのような制度がより民意を反映して、日本の政治風土にも合致するのかと言えば、私は中選挙区連記制だと思います。中選挙区の定数が三人の場合、投票の際には二人でも、三人でも名前を書けるようにします。たとえば、定数三の衆院中選挙区を全国に一五〇つくれば、定数は四五〇人になります。そうすれば、いわゆる死票も激減しますし、「投票したい政党や候補がいない」という事態が変化するので、低迷して久しい投票率の上昇も期待できると考えています。何より、中選挙区であっても複数の候補の名前を書けるために、全体の議席数は比例代表に近くなり、民意をより反映させることになります。

安倍派の増大が裏金問題の背景

選挙制度改革当時、自民党の派閥についても、中選挙区制から小選挙区制に変われば政党本位で政策本位の政治になるから、派閥はおのずと消滅していくと言われていました。派閥の領袖が巨額の政治資金を集めて、それを所属議員に配分する、そして派閥の規模を拡大して、その合従連衡で総理・総裁を目指していく――、確かに、こうした昭和型の派閥は平成に入り、かなり様変わりしたと思います。

小選挙区制により、国民的な人気のある政治家の求心力が高まるようになりました。自民党が窮地のときはなおさらで、森喜朗さんから小泉純一郎さんへの首相交代がその典型例です。他方、政党助成法により血税を原資とする政党交付金の制度が始まり、派閥の領袖も政治団体の規制強化で資金集めがかつてほどできません。平成期には、派閥の機能は「ポストとカネ」の配分に変化するのですが、そのカネも下からの上納方式となったことが昭和期と異なる点だと思います。

加えて、民主党政権の瓦解に伴い、自民党が増大してきました。野党がばらばらなのですから、当然ながら、自民党内で総裁選やポスト配分を巡り、覇権争いが激しくなりました。そんな状況で一〇〇人規模まで大きく膨らんだのが安倍派だったわけです。安倍派を中心に派閥パーティーの裏金システムが定着していった背景には、増大する派閥を維持していくという裏事情があったのではないでしょうか。

私が一九七九年の衆院選で初当選した時に所属したのが田中派だったと冒頭でお話ししましたが、この時私は、なんと一一三人目の田中派入会者だったのです。ほどなく、田中派は分裂し、私は最後の入会者となりました。やはり、派閥は大規模になると、ポスト配分や派中派ができて、割れていく宿命にあるのかと思います。

岸田文雄首相は裏金事件を受けて、二〇二四年一月に自身の派閥である宏池会(岸田派)の解散に踏み切り、現在では志公会(麻生派)を除いて、すべての派閥が解散を表明しています。ただ私は、自民党にとって集団というのは必要だと思います。

自民党は特定のイデオロギーの政党ではなく、さまざまな考え方を持った人たちの集まりであり、一般社会の縮図とも言えます。社会に派閥やグループがあるように、この政党では人の塊ができるのです。むしろ、それは必然かもしれません。ただ、派閥の弊害とされた「ポストとカネ」の配分機能をなくす方向で努力することは必要です。

では、令和期の派閥について、何を軸としてさまざまなグループが形成されていくかといえば、おそらく、それは政治理念や政策ということになると思います。しかも、昭和・平成期と異なり、掛け持ちが可能なサークルのような緩い結びつきの方が、これまでの派閥の弊害から脱却するためには欠かせないと思います。

いま改革の熱を熾すために

現行制度で当選してきている与野党の議員で新たな選挙制度改革に着手できるのか、現時点ではまったく見通せません。しかし、中選挙区制から小選挙区比例代表並立制への変更はできたのです。

二〇二三年末から自民党派閥の政治資金パーティー裏金事件に端を発して、政治改革が叫ばれています。「政治とカネ」の問題は喫緊のテーマです。政治資金収支報告書の不記載や虚偽記載で会計責任者が処罰されたら、議員本人も責任を負う連座制も導入すべきです。政治資金パーティーの禁止もしかりで、国民にわかりやすい改革を提示して実行しない限り、自民党はまた国民から厳しい審判を受けることでしょう。

しかし、自民党が野党に転じるような展開になったとしても、これまでのように「反自民」

として政権を獲得しただけでは継続していかないのです。それゆえ、やはり民意を反映する新たな選挙制度改革にも乗り出さなければなりません。

振り返れば、衆議院議員に当選してから四五年の歳月が流れました。裏金事件で自民党に逆風が吹く今、三〇年前と異なり、残念ながら党内で改革の熱は高まっていません。若き日、あの選挙制度改革に関わった一議員として、これからも自民党内で声を上げていかなければならないと、思いを新たにしています。

世襲の跋扈、政治の劣化を招いた

元新党さきがけ代表代行　田中秀征

たなか・しゅうせい　一九四〇年生まれ。東京大学、北海道大学卒業。八三年、衆議院旧長野一区で無所属で初当選後、自民党から追加公認。九三年六月、新党さきがけ結成に参画し代表代行に。八月に発足した八党派による細川護熙内閣で首相特別補佐。九六年、橋本龍太郎内閣で経済企画庁長官として初入閣。現在、福山大学客員教授。

金権腐敗批判が選挙制度改革へとすり替わる

岸田内閣では二〇二二年秋に不祥事や失言で四閣僚が相次いで更迭され、二三年秋には同様の理由で副大臣や政務官計四人がやはり更迭されました。しかも、自民党安倍派（清和政策研究会）や二階派（志帥会）などによる政治資金パーティー裏金問題が噴き出しました。こうした状況を見て、政治の劣化を改めて痛感しました。現行の小選挙区比例代表並立制の結果だと言わざるを得ません。そう考えると、構造汚職の問題を選挙制度のせいにすることで進んでいった、三〇年前の選挙制度改革の決着劇を思い出します。

あの日は雪が降っていました。政府提出の政治改革関連法案は一九九三年一一月に衆議院を通過したものの、年越しとなった参議院では、自民党ばかりか与党である社会党の一部の反対で否決され、廃案の土壇場で細川護熙首相と河野洋平自民党総裁とのトップ会談が開かれたのです。

首相特別補佐だった私は総理執務室で固唾をのんで行方を見守っていましたが、一瞬にして結論が出てしまいました。細川さんが、何らかのごり押しによって自民党案をほぼ丸呑みさせられたのだと思いました。「うん」と言うなんて考えてもみませんでした。

九三年八月の細川政権発足に当たって私が深く関わった政府案は、小選挙区制を導入するとともに、比例代表を全国区にしていました。トップ会談の際の自民党案は、これを一一ブロックにしてしまいました。全国比例なら、環境問題や反原発など特定の政策を訴えるグループでも一〇から三〇くらいの議席を得られる。スケールの大きい、いい人材だって出てこられたでしょう。

しかし、自民党案ではそうはいかない。会談での合意を受けて、私は「これでは絶対にダメだ。既存の政治家が優遇されて有望な新人が出にくくなるので、日本は立ち行かなくなる」と思い、背筋が寒くなりました。私は、政治改革関連法が成立したら首相特別補佐を辞めると細川さんに言っていたから、約束通り、成立翌日に辞めました。

選挙制度改革のきっかけになったのは、八八年に表面化したリクルート事件などの構造汚職です。自民党の多くの実力者が関与していたことが明らかになり、党内は大騒ぎになりましたが、「金権腐敗は政治家同士のサービス合戦が原因だ」「選挙制度が、同じ党の者が相争う中選挙区制になっているからだ」と言って、選挙制度のせいにしました。

私は、金権腐敗は議員個人の問題なのだから、刑法の贈収賄罪の刑罰を重くすればいいと考えていました。だから、サービス合戦をやめさせるために小選挙区制を導入しようという論法には強い違和感を覚えました。

しかし、九二年秋から九三年春にかけて、自民党の金丸信元副総理への巨額の闇献金と脱税事件で国民の政治不信は頂点に達し、そこに東西冷戦の終結や日本のバブル崩壊など、歴史の非常に大きなうねりが合わさって、ついに九三年八月、自民党政権が倒れ、細川連立政権が誕生したのです。

その際、日本は不景気のどん底にあり、経済状況が切迫していたので、政治改革の問題を早く片付けようと、具体案を急いでまとめました。もともと私と細川さんは、定数が二人以上で複数の候補者に投票できる「中選挙区連記制」がいいと考えていました。しかし、当時の若手ホープの一人だった船田元・衆議院議員が後に「政界は熱病に冒されていた」と言ったように、小選挙区制を土台にしないと一歩も進めない状況になっていました。

対抗する思想潮流がない日本

小選挙区制論者は「政権交代可能な二大政党制を実現するため」と言うのですが、それは先に二つの思想潮流があって、初めて出来上がるものです。日本にはそれがありません。もちろん無理やりにつくるものでもありません。だから私は、「古くさい羊羹」を縦に二つに切っちゃうようなことになりかねないと思っていました。

そこでギリギリの妥協として、衆議院の総定数を五〇〇として、半分の二五〇を小選挙区に、残り半分の二五〇を全国比例にしたのです。目指したのは、少数政党も尊重され、時には連立政権に加わって役割を担うことのできる「穏健な多党制」でした。

しかし、先に述べたように細川首相はトップ会談で、小選挙区三〇〇、比例代表二〇〇で一一ブロックという自民党案をほぼ丸呑みしてしまいました。「政治とカネ」の問題についてもそうです。細川政権では、構造汚職や金権腐敗の温床になっているとして、企業・団体献金を全面禁止するという方向性を示していました。

しかし、ここでも自民党に妥協して、五年間に限り政治家個人への献金を認める方向で、政治資金規正法を改正することで合意しました。しかも、企業・団体献金を制限するかわりに公費による政党助成制度を創設することはそのままになったのです。

こうして合意翌日の一九九四年一月二九日、政治改革関連法案は修正を経て衆参両院で可決、成立しました。

案の定、この選挙制度による弊害はひどいものでした。自民党を割り、新生党の代表幹事として細川連立政権樹立の立て役者になった小沢一郎さんは、九四年一二月に野党勢力を結集して新進党の設立を主導しました。形の上では自民党と新進党の二大政党になったわけですが、新進党はわずか三年で空中分解しました。

日本には政治の二大潮流がないと言いましたが、一つの大きな筋や大義というものがなかったら、政治集団というのは絶対に長続きしないのです。それが日本において小選挙区制がダメな大きな理由です。二〇〇九年九月に政権を取った民主党も、党内対立を繰り返して、一二年一二月に瓦解してしまいました。

政治家の官僚依存、世襲の跋扈

小選挙区制論者が目指した二大政党ができなかっただけではありません。政治の側が政策調整を官僚に丸投げするようになりました。これが、小選挙区制がダメな二つ目の理由です。

小選挙区だと、農林水産省や国土交通省など各省庁に対する地元の陳情は、当選した一人に集中します。しかし、農業関係や建設関係など大きな分野がいくつもあると、一人ではとても掌握できない。そうすると結局、政治家は官僚に対して「お願いします」と頭を下げざるを得ない。そして陳情が箇所付け(各種の公共事業に予算を配分する作業)などで実現した時に、「ありがとうございました」と、もう一度頭を下げなければならない。

さらに言えば、たとえば市場開放の問題で農業団体と商業団体の利害がぶつかった時に、かつてなら農政に強い議員と経済界に強い議員はすさまじいケンカをしたし、そのために一生懸命勉強もして、納得できる落としどころを見つけたわけです。しかし、小選挙区ではどちらにもいい顔をしないといけないから、政治家は難題から逃げて官僚に調整を委ねるわけです。

こうして政治家は官僚に対して弱くなり、かつてはあんなに霞が関に怖がられた自民党政調会はすっかり骨抜きにされてしまいました。

もう一つ、小選挙区制の弊害を挙げるとすれば、世襲議員が跋扈するようになり、新しい優れた人材が選挙に出られなくなったことです。自民党には大きな支援組織が六つあります。農業団体、商工団体、建設団体、遺族会、かつての全国特定郵便局長会、そして日本医師会と日本歯科医師会と日本薬剤師会による「三師会」です。

こういう形で六つの団体が一本化して一人の自民党候補を推したならば、誰が敵うでしょうか？　この六団体だけでも強いのに、ここに世襲候補が持つ個人票と、公明党の票がつくのだから、党に公認されれば、たいていの候補はそのまま当選します。

世襲議員がすべてダメというわけではありませんが、こうなると、どんなに優れた人材でも当選することは難しくなるし、自民党の中に新しい人材がいても出られなくなってきます。残念ながら、このままでは政治は劣化の道をたどる以外にないですね。政治の劣化の根源は政治家の劣化であり、政党の劣化です。

現状打破のために中選挙区連記制を

でも、政治の行き詰まっている現在は、幕末のような転換点でもあります。やがて無名の志ある青年たちが日本を再生しようと立ち上がってくるでしょう。

そのためにも選挙制度はもう一度、何が何でも見直さなければなりません。繰り返しになりますが、私はやはり現状を打開するためには中選挙区連記制がいいと思っています。連記制は終戦直後の一九四六年の衆院選で一回やっています。当時は「大選挙区制限連記制」でした。戦前の政治家の四分の三ほどが公職追放され、ほとんどが新人だったのに加え、女性の参政権が初めて認められた選挙でした。そのための混乱が大きく、一度限りとなりました。

それから、私が期待しているもう一つの政治の軸は歴史認識です。私は、先の大戦で「日本の国策は誤っていた」との前提に立っています。だけど、自民党には五五年の保守合同以来、「誤っていない」という流れがあって、保守が二つに分かれています。

象徴的なのは、今の清和政策研究会の源流をつくった、安倍晋三元首相の祖父である岸信介元首相です。政治学者の原彬久さんが岸さんへのインタビューをまとめた『岸信介証言録』という本の中で、岸さんは終戦直後、連合国軍最高司令官総司令部（GHQ）からA級戦犯として出頭を命じられた際に、旧制山口中学の恩師に「自決しろ」と言われました。それに対する答えとして「名に代えて　この御聖戦《みいくさ》の　正しさを　末代までも　語り継ぐなん」という歌を詠んだということです。そして生涯その姿勢を通しました。

この岸さんの流れは、田中角栄政権以降はずっと伏流水のように潜っていたのですが、この思想性が表にドンと出てきたのが第二次安倍政権です。もう一方の歴史認識を大事にして、多くの首相を輩出してきた保守本流の宏池会はへこんでしまい、清和会の全盛期になりました。そういう意味で自民党は画用紙の表と裏を使い尽くしたと思っています。だから、もうこのあたりで二つに分かれるのも選択肢です。

もう一つ指摘したいのは、岸さんは米国と連携する形で戦後政治の中に出てきたことです。二〇年くらい前に米国の研究者が「米国は岸さんに政治資金を出していた」と暴露しました。それは一例で、清和会の流れというのは外国の勢力と連携するところがあるのかなと、世界平和統一家庭連合（旧統一教会）の問題を見て思います。宏池会の宮沢喜一元首相を見ていて一番感心したのは、あれほどの知米派が米国に対しては意外なほどきつかったことです。保守本流は「自由」とともに「独立」というものをすごく大事にしたと思います。国の独立ということに大きな価値を置いていたんです。

小選挙区制導入の旗振り役の一人だった元新党さきがけ代表の武村正義さんは、二〇二二年に亡くなる前には「この制度は間違いだった」と言っていました。私は議員バッジを外してから三〇年近くになりますが、政治から離れるつもりはありません。細川さんとは「年を取ったなんて言ってられない。政治は大変な状況だから、できる限り発言しよう」と話しているんです。

「カネのかかる政治」を認めてはならない

こうした中で二〇二三年、自民党安倍派や二階派などが政治資金パーティーを通じて、組織的に何億円もの裏金をつくり、何十人もの所属議員にキックバックしていた問題が発覚しました。岸田派(宏池会)も五年間で三〇〇〇万円です。

なぜ政治家はカネを集めてばかりいるのかと言えば、カネのかかる政治をやっているからです。結婚式や葬儀といった慶弔電報などで、月に一〇〇万円単位のカネを使う議員もいます。無駄な印刷物も多い。だけど、もっとカネがかかるものがあります。情報交換に名を借りた高価な飲食です。

首相動静を見ると、岸田文雄首相もしばしば高級料理店を使っていますが、自腹で払っているとは思えません。人間は一日三食食べるのだから、食べる分は自分で払うべきです。飲食そのものは政治活動ではありません。

いずれにしても、こういう状況をどうすればいいのでしょうか。まず国民、有権者は「政治にはカネがかかる」という政治の側の常識をすんなりと認めてはいけません。構造汚職の源は得てして、こういう有権者側の「甘さ」に発しているものです。

そもそも政治活動に必要以上のカネがかからない仕組みはできています。政策研究なら国立国会図書館や衆参両院の事務局があります。国費で政策秘書を付け、調査研究広報滞在費や立法事務費まで支給されています。むしろ、それらを名目通り正しく活用しない議員が多いことが問題です。

政治資金規正法を改正するにしても、飲食費や慶弔電報への政治資金の支出を禁じるくらいの厳しい改革を断行すべきです。細川首相の日程には会食はほとんどありませんでした。

故池田勇人元首相はいつもカレーライスを食べていました。政治家との会食ではぜいたくをしないということです。岸田首相の出身派閥である宏池会は池田が創設しました。池田を尊敬する首相なら、その姿勢を学び直し、覚悟を示すべきではないでしょうか。

裏金問題は選挙制度の問題でもある

三〇年前の政治改革では「金権政治打破」が大きなテーマだったのに、繰り返しになりますが、選挙制度の話にシフトしてしまいました。結局、政治の体質や文化は変わらなかったので、以後はカレーライスの精神とは逆の方向を走ってしまいました。

だから、この裏金問題は選挙制度の問題でもあるのです。小選挙区制は、世襲議員が増えるという悪しき流れに拍車をかけたのは説明した通りです。そして、彼らは親がそうだったので、知らず知らずに会食文化まで引き継いでいるのではないでしょうか。政治の劣化の無視できない一因になっています。それに斬り込まない政治改革なんてあり得ないでしょう。野党もそれを避けているのなら同類だと見なすべきです。

返すがえすも残念なのですが、三〇年前の当時にもっと議論すべきでした。そういう意味で、今回の問題は選挙制度改革にまで行き着く話です。もちろん世襲議員にもいい人材は少なくありません。だからそうした議員に混ざって、新しい優れた人材がもっと登場することができるよう、三〇年を経てもう一度改革したらいいと思います。

逆にこの得がたい機会に政治を大きく変えていく流れをつくらない限り、自民党どころか日本の政治が衰弱し、国の将来は危うくなるでしょう。だからこそ、この裏金問題は「直ちに改革に着手せよ」という天の声にも聞こえます。今こそ強力なリーダーシップが必要です。岸田首相には、根本的な政治改革のために身を捨ててほしいと思います。

小選挙区制は間違っていない

立憲民主党幹事長 岡田克也

おかだ・かつや　一九五三年生まれ。東京大学を卒業後、通商産業省（現経済産業省）に入省。九〇年衆院選で自民党から初当選。九三年に自民党を離党し、衆院選を経て細川連立政権に加わる。新生党、新進党を経て九八年に民主党を結成。幹事長、代表を務め、民主党政権では外相、副総理などを歴任。二〇二一年に立憲民主党幹事長。

制度を使いこなせなかった民主党

小選挙区比例代表並立制を導入した衆議院選挙制度改革は、基本的には間違っていなかったと思っています。中選挙区制時代のあんなドロドロとしたカネまみれの政治は、今の自民党でもないでしょう。今後もこの制度の下で自民党に対峙していく姿勢は変わりません。政治改革の当時、比例代表がベースの併用制の方がいいという議論もありましたが、これを採用したら小党分立になってしまう。その点、並立制は小選挙区制がベースですから、政権が代わる時は代わるんです。

それでは、われわれと自民党は何が違ったのかというと、自民党はこの制度をうまく使いこなしたんですね。小泉純一郎さんや安倍晋三さんは首相として、自分に不利な状況をひっくり返すために、小選挙区制をうまく利用して議席を大幅に増やしました。

小泉さんは政治改革に真っ向から反対していたのに、最も政治改革の果実を享受したわけです。党トップとして公認権を握るといった、小選挙区制だからこその権限を存分に使ったということですね。二〇〇五年の郵政解散の時は、僕が民主党代表として相手をしたのですが、小泉さんは制度をうまく利用しました。

自民党内での反乱によって参議院で郵政改革法案が否決されたから衆議院を解散するなどという、まったくあり得ないような解散に踏み切りました。安倍さんによる、北朝鮮の核・ミサイル開発に乗じた一七年の「国難突破解散」もそうです。自分に不利な状況をひっくり返すために断行したわけです。

解散のありかたとしては大いに問題があるのですが、そうやって小選挙区の制度をうまく使いこなしているわけです。しかし、野党はそうではありません。民主党政権の時に、党内の一部の人たちが内閣不信任決議案に賛成しようとしたり、集団離党しようとしたりしました。制度を使いこなすには、きちっとまとまってないといけないのに、そういうことすらできていませんでした。

それは野党全体にも言えることです。野党として使いこなすには、大局観に立って、自民党に対抗するもう一つの大きな塊をつくらないといけない。それなのに、いまだにバラバラです。このことが今日の「一強多弱」の状況を招いているわけです。

一つの塊としては、支援組織の連合がありますが、それだけでなく民間非営利団体(NPO)など、いろいろな活動をしている人たちにまで十分に手を伸ばさなければ、本当の意味で大きな塊にはならない。しかし、残念ながら、そういうことがまだ十分にできていないですね。

「明確な対立軸」でなくてもいい

大きな対立軸というのは、僕は昔からそんなに明確でなくてもいいと思っています。日本は比較的同質的な社会なので、対立軸を鮮明にしていくようなことはなじまないという考えです。そういう中で、自民党との一番の違いを挙げるとすれば多様性の尊重です。LGBTなど性的少数者の問題などがそうです。

それから気候変動の問題でも違いがあります。自民党は「GX」(グリーン・トランスフォーメーション)と言っていますが、原発再推進も入れて「グリーン」と言うのはどうなのか。そういう大きないくつかの政策をブラッシュアップして示していくことが必要なのだと思います。大きな塊をつくった上で、一本筋の通った実現可能な政策を徹底して訴えていく。この地道な積み重ねしかない。日本の政治を良くするためには、それが唯一の道だと思っています。

当選一回生でつくった超党派の政治改革勉強会

私は一九九〇年二月の衆院選で自民党から立候補して初当選しました。八八年に発覚し、自民党の大物政治家らが軒並み関与したリクルート事件の後の選挙だったので、金権腐敗に対する有権者の怒りはとても大きく、私は「政治を変えよう」と訴えました。実際、党内では政治改革論議が盛んでした。政治改革推進本部長の伊東正義さん、代理の後藤田正晴さん、「ミスター政治改革」と言われた羽田孜さんら、大変な熱意を持って取り組む人たちがいました。

私が当選する前の八九年五月に後藤田さんたちがまとめ、党議決定された党政治改革大綱は、「政治とカネ」問題こそが政治不信の元凶だと断じ、選挙制度と政治資金制度の改革に取り組む決意を示した記念碑的な文書です。その内容に少なからず驚き、改革への期待を高めながら、私も議論にのめり込んでいき、連日のように政治改革論議をしていました。

当時は自民党の中だけでなく、当選一回生で超党派の勉強会をつくりました。若手同士で通じるものがあったんです。社会党は仙谷由人さんです。これまでとはちょっと違う感覚の新しい人たちが社会党の一年生にはかなりいたんですね。その時にお世話になった「指導教官」が、政治改革推進協議会(民間政治臨調)主査で東京大学教授の佐々木毅さんでした。あまり理解できませんでしたが、ずいぶん難しい本を読まされました。

政治改革で目指したのは、金権腐敗の土壌となった中選挙区制を、小選挙区と比例代表を組み合わせた制度に変える、政権交代可能な政治にする、政治資金を透明化する、この三つです。中選挙区制はさまざまな問題の根源と言ってもいい制度でした。日本特有と言っていい制度で、わずかな得票率でも当選できてしまうわけです。五人区だったら二割ですね。投票率が一〇〇%ということはないから、有権者の割合からすると十数%で当選できる。そして、自民党は派閥の競い合いで複数の候補者が立つのですが、党としての基本政策は変わらないのでサービス合戦になり、多くのカネが必要になる。こうしたことが金権政治の土壌になったのです。政権交代について言えば、自民党政権においては派閥による疑似政権交代が起きるのですが、本当の政権交代は起きません。こんなことを言うと自分の首を自分で絞めるようなものでしたが、伊東さんや後藤田さんは「自民党政権でなくてもいいんだ」と言っていました。

政治資金の問題では、「カネのかからない選挙にするためには政治資金の透明化が必要だ」「企業・団体献金は基本的に廃止すべきだ」という方向で議論が進んでいきました。

中選挙区制が助長した「族議員」という存在

自民党において考えさせられたのは、自身を支える個別の業界や利益団体、そして選挙区のある地元の視点でしか議論できない政治家がとても多いことでした。そういう政権与党におけるしがらみが強固な仕組みとして出来上がっていたんですね。その最たるものが「族議員」の存在です。特定の業界団体や企業を支持基盤として、対象となる省庁の官僚にもパイプのある政治家です。

私は三年余りしか自民党にいなかったので、族議員の利権を実感することが少なかったのですが、それが自民党腐敗の要因の一つであることは間違いないと思います。闇献金と不正蓄財を糾弾された金丸信元副総理は道路建設などに利権を持つ「道路族」でした。

小泉純一郎さんは首相になって「自民党をぶっ壊す」と勇ましかったが、清和政策研究会(安倍派)が伝統的に強かった文教族や運輸族の利権構造には斬り込もうとはしませんでした。

それぞれの族には、関連の党政調会の部会長や大臣を経験した大物のボス議員が数人いて、官僚が法案をつくるときには部会やボスの了解を事前に取らなければならない。族議員はこうして特定の企業や団体に便宜を図り、政治献金やパーティー券の購入、選挙での票という形で見返りを得ていたわけです。

一方、族議員をはじめとする自民党の議員にとっては、そうしなければ政治資金と票を得ることができず、生き残っていけません。中選挙区制とそれに根づいた派閥政治の存在がこの構造を助長し、定着させていたのです。

小選挙区にウェイトがある並立制

こうした強固な「政官業のトライアングル構造」を目の前にしながらも、われわれ若手は政治を変えようと必死でした。そして肝心要の選挙制度については、小選挙区制にしても比例代表制にしても、それぞれが単独ではいろいろと問題があるだろうということで、小選挙区比例代表並立制か併用制に意見が収斂していきました。

完全小選挙区制は少数意見を排してしまうのでちょっと無理があるだろう、完全比例代表制も小党分立になる上に、政権の枠組みが選挙後の政党の組み合わせで決まるので、有権者の意思と関係がなくなるのは問題だということですね。

ここは超党派の若手議員同士で大いに議論し、ダイナミックに政権交代をしていくためには、冒頭で述べたように、基本的に比例の要素が強く小党分立を招きやすい併用制よりも、小選挙区にウェイトがある並立制の方がいいとなったと記憶しています。全国比例よりブロック比例になったのも、小党分立を防ぐ文脈でのコンセンサスだったかと思います。

自民党において私は経世会(竹下派)に所属していましたが、党幹事長も務めた小沢一郎さんと行動を共にしました。小沢さんの人を引き付ける力が強かったということです。選挙制度改革に反対の声が強い中で、小沢さんは「自民党を割らなければダメだ」「より苦労の多い道かもしれないけど、新しいものを目指そう」と言っていました。

そして一九九三年六月、宮沢喜一首相は「政治改革をやる」と明言したのに果たせず、内閣不信任決議案が賛成多数で可決されました。私も賛成票を投じ、小沢さん、羽田さんらとともに自民党を離党しました。私の人生において大変重い決断でした。

自民党が変わらない以上、政治改革のためには新しい政党が必要です。そもそも政権交代可能な政治にするためには、もう一つの責任政党が欠かせません。そこでわれわれは新生党を結成し、衆院選に勝利して八党派による細川連立政権を樹立し、政権交代を実現しました。

そして政府提出の小選挙区比例代表並立制の導入を柱とする政治改革関連法案は、九四年一月に参議院本会議でいったんは否決されたものの、最後の土壇場で開かれた細川護熙首相と河野洋平自民党総裁とのトップ会談で修正合意し、ついに政治改革は実現したのです。

外は雪でした。深夜に合意がなって、翌未明の二時頃でしたかね、国会内の控え室で小沢さんとビールで静かに乾杯しました。他のみんなはもう遅いと、いなくなってしまったんですが、僕は小沢さんが戻るのを待っていました。

そんなに多くは話しませんでした。僕はまだ二回生でしたから。「ようやくできましたね」くらいでした。小沢さんが覚えているかどうかは知りませんが。

自公の選挙協力をもたらした分岐点

小選挙区制になり、政党助成制度も導入されたことで、カネで政治が大きく左右されるということは、相当程度なくなったのではないでしょうか。先ほども触れましたが、中選挙区制時代はやはり、業界や団体と癒着があり、政治がねじ曲げられたりもしました。今でも票の面ではあるかもしれませんが、三〇年前とはかなり変わってきたのではないかと思います。

しかし、政権交代可能な政治の実現ということを考えると、最初の「なぜ自民党は小選挙区制を使いこなせたのか」という議論と重なるのですが、いま振り返っても非常に悔やまれる分岐点がいくつもありました。

一つは、連立政権から社会党を追い出してしまったことです。それで自民党と、自衛隊すら認めてこなかった社会党が組むという、もうあり得ないようなことが起きたわけです。われわれの羽田政権はその途端に終わってしまいました。ここが一つのターニングポイントでした。

あの時、なぜ社会党を追い出すようなことをしてしまったのか、私にもよくわかりません。当時は朝鮮半島で北朝鮮による核危機が進行していたため、米国政府は北朝鮮に対する武力行使を検討していました。このような危機的状況の中で、小沢さんは社会党とはやっていけないと考えたのか、自民党から元副総理の渡辺美智雄さんらを取り込むことで乗り越えようとしたのかとも後から思いましたが、真相はわかりません。

もう一つは新進党の解党です。党内対立が激化し、鳩山邦夫さんや船田元さんなど、有力な議員が次々と離党していく中ではありましたが、新しい選挙制度になって初めてとなる九六年一〇月の衆院選はそこそこ議席が取れたんです。

鳩山由紀夫さんと菅直人さんが「第三極」として旧民主党を結成したこともあり、新進党にとっては厳しい選挙でしたが、改選議席一六〇に対して一五六議席を取りましたから。

あそこで五二議席を取った旧民主党と手を組むなどしてがんばっていれば、政権交代可能な一つの塊になったはずだと今でも思っています。それなのに、羽田さんや細川さんらも離党し、九七年末にはとうとう解党してしまいました。本当に悔やまれますが、自分ではどうしようもなかったですね。

そしてその結果、公明党とその支持団体である創価学会を自民党が取り込み、このことが小選挙区において公明党が自民党候補を支援するという形で、選挙の状況を大きく変えてしまいました。自民党が非常に巧みだったとはいえ、ここも非常に大きな分岐点になりました。

「ねじれ」を生んだ民主党政権の失敗

そして、やっぱり民主党政権時代の失敗です。民主党政権では、二〇一〇年の参院選で負け、衆参両院で多数派が異なる「ねじれ」になったことが痛かった。あれで自民党の言うことを聞かないと、法案が一本も通らない事態になってしまいました。

財政特例法という、赤字国債を発行するための法律を毎年度必要としていたのですが、一一年の菅政権では、菅さんが首相を辞めるのと引き替えに通りましたが、九月になっていました。一二年の野田政権では一一月です。

今考えれば、米国のように政府を閉鎖するくらいの強気の姿勢があってもよかった。未熟だったなと思いますが、自民党は野党として徹底的にがんばったということなのでしょう。

政権交代可能な政治にするチャンスは何度もありました。しかし、そのチャンスをつぶしてきたので、与党はずっと与党のままです。すると、いろいろな弊害が出る。世界平和統一家庭連合(旧統一教会)や、自民党派閥の政治資金パーティーを利用した裏金問題がそうです。第二次安倍政権での総裁派閥の安倍派や、幹事長派閥の二階派で組織的な裏金づくりがおこなわれていたわけで、きわめて悪質で、かつてのリクルート事件を超える事件です。

政権交代があれば、こんなことは起きないんです。日本の政治を根こそぎ変えなければなりません。まさに日本の政治はいま、国民から信頼されるかどうかという非常に重要な岐路に立っていると思います
自民党は、創価学会との関係がますます深くなり、選挙ではそれに依存するようになっています。自身の後援会もなく、業界団体と創価学会に頼り切りの議員が増えていますから、そんなに強くないはずです。

チャンスをつぶすことは、絶対に繰り返さないことが大事です。失敗はもう許されません。

執行部に権力が集中し、腐敗の温床に

立憲民主党参議院議員　辻元清美

つじもと・きよみ　一九六〇年生まれ。早稲田大学卒業。在学中に非政府組織（NGO）「ピースボート」創設。九六年衆議院初当選。旧民主党政権で国土交通副大臣などを歴任し、立憲民主党に加わった。

いかなる制度も「光と影」を内在させています。小選挙区比例代表並立制もしかり。光の部分で言えば、二〇〇九年にこの制度の下、当時の民主党が政権を獲得することができました。政権交代が可能であることを実証したわけです。しかし、私はそれにも増して影の部分があまりに大きいと思います。

「採決要員」と化した議員たち

選挙制度改革のとき「自民党各派閥の候補が同士討ちになるから、政治にカネがかかる。それがリクルート事件など「政治とカネ」の問題を引き起こしているから、小選挙区制にすれば、こうした問題は起きない」と喧伝されていました。ところが、小選挙区比例代表並立制が導入されると、自民党では公認権や資金を握る執行部の力が強大になりました。

私は安倍晋三首相の時代に起きた森友・加計両学園と、桜を見る会の問題は、今の選挙制度と深く関係していると思います。中選挙区制のときに、こんな重大な問題が相次げば、他の派閥の領袖たちが引きずり降ろしにかかっていたでしょう。

ところが、安倍さんに最後はすべて握られているから、誰も物が言えず、権力の腐敗を止められなくなったのだと思います。つまり、現在の制度では執行部が腐敗していくという新たな弊害が生じたわけです。この制度が続けば、将来にわたり、常に独裁的な指導者が出てくる可能性は高いと強く危惧しています。

そもそも自民党という政党が成り立っている唯一にして最大の源は、権力を握っていることなのです。それでも昔は、多種多様な意見を包摂するような政党で、これが強みだったのかもしれません。しかし、小選挙区比例代表並立制に変わってから、ほとんどの議員は「採決要員」と化しているように私には映ってしかたありません。

小選挙区で一回でも当選すれば、なかなかその牙城は崩せません。他方、永田町に来れば、執行部の顔色をうかがうばかりになりがちです。小選挙区比例代表並立制が政治を大きく変えてしまったと思います。逆に言えば、現在の制度を変えない限り、政治の閉塞感を打ち破ることは至難の業だと忸怩たる思いも抱いています。

地域との過度の密着で小粒化する政治家

選挙区に目を転じると、与野党を問わず、政治家のスケールがとても小粒になってしまいました。なぜかと言えば、例えば東京・世田谷区のように区議会議員よりも狭い選挙区から衆議院議員を選出するところも存在するわけです。そうすると、当選するためには地域のさまざまな会合に出たり、盆踊りなどのイベントに積極的に顔を出したり、非常にこまめな活動が欠かせなくなります。

それ自体を否定はしませんが、自治体議員よりも地域密着になり、国家全体を考えていく国会議員の役割が薄らいでいきます。地域との相当細かい結びつきが当選に直結するため、すでに地盤を持つ世襲の議員が強くなったと思います。同時に、政治家の質が劣化していることも否めません。

私は立憲民主党の前に社民党や民主党に所属し、小選挙区で当選を重ねてきましたが、小さな政党の候補が小選挙区で勝ち抜くには、自分のエネルギーのほとんどを日常の政治活動に費さなければなりません。加えて、一人しか当選できない小選挙区では、一対一の対決の場合、過半数の得票が必要になるがゆえに、憲法や医療の問題などで鋭角的な訴えがしにくくなり、どうしても多くの人に受け入れられるような、他の候補と似たり寄ったりの曖昧な政策に傾いてしまいます。はっきり言えば「八方美人」にならないと勝てません。

小選挙区で当選していたときには、投票用紙に「辻元清美」と書いてくれた人で立憲民主党の支持者は半分ほどでした。残りは保守・中道系の人たちだったのです。社民党のときは、政党としての支持票はほとんどなく、私を支持してくれる個人票ばかりでした。

小選挙区を軸として比例代表並立制を導入すれば、二大政党に収斂されていくと言われていましたが、現実はそうなっていません。むしろ、二大政党制は実現できないことがわかってきました。私はこの制度で当選した一期生で、その前の改革論議は民間人として外から見ていましたが、当時から制度を変える話ばかりで、なぜ二大政党を目指すのかという理念の話が欠落していると懸念していました。理念なき改革のつけが回ってきていると思います。

今の制度は、多様化している社会や国民の考えに逆行しています。政権交代を目指そうとする力が大きく働きすぎる結果、選挙後すぐに内部の抗争や分裂が起きてしまいがちです。だから民主党政権も三年しか続きませんでした。果たして、この制度が日本を良くしたのかと問われれば、答えはノーです。

理想型は穏健な連立　自社さ政権の経験

私は自民、社民、新党さきがけの「自社さ政権」のときにも、与党を経験しています。当時を振り返って、こうしたリベラル保守の連立政権が日本の理想的な枠組みだと考えています。

自社さ政権で社民党の村山富市さんが首相になり、その後継は自民党の橋本龍太郎さんでした。橋本内閣の官房長官は梶山静六さん、幹事長は加藤紘一さんで、政調会長が山崎拓さん。あのときは、ＮＰＯ法(特定非営利活動促進法)や被災者生活再建支援法、情報公開法、児童買春・ポルノ禁止法、環境アセスメント法、男女共同参画社会基本法など、たくさんの法律をつくることができました。

なぜ、小さな政党だった社民党にそんなことが可能だったのかと言えば、衆議院で過半数ラインを超えるキャスティングボートを握っていたからです。つまり、社民党の賛成がなければ、法案は一本も通らない状況でした。当時、加藤さんが私や同じ社民党の保坂展人さん(現東京都世田谷区長)に言った言葉を今も忘れません。「自民党だけだとわからない視点もある。だからといって、自民党も譲れない一線がある」。そうやって侃々諤々《かんかんがくがく》の議論を重ねました。それでも、最後には「辻元さんや保坂さんが認めるような内容は、きっと万人にとって受け入れられるものでしょう」と言ってくれた。

要するに、国民全体を見渡すバランス感覚、そして少数意見を尊重する姿勢がありました。それこそが、連立政権の神髄だと思うのです。たとえれば、自民党はサラダの野菜で、少数政党はドレッシングのようなもの。ドレッシングがあるから、体にいい野菜もたくさん食べられるのです。

連立を組む政権同士が良い組み合わせでバランスを取れば、多様性を包摂する政治が実現できます。ダイバーシティ（多様性）とインクルージョン（包摂力）がますます政治に求められているのに、小選挙区比例代表並立制は、それに逆行する制度だと思います。

民主党も社民、国民新党と協力したから選挙に勝ち、連立政権を樹立できたのです。日本で二大政党制を実現するのは幻想だと思います。

社会の根本的な対立軸をあぶり出す

二大政党制にならない理由は、野党がまとまれないだけではありません。今の政権も参議院で自民党が過半数割れしていることもあり、公明党との連立です。三年ごとに半数が改選される参議院で与党を過半数割れに追い込んでいく。そして衆参両院の「ねじれ」を生じさせることができれば、キャスティングボートを握る形で新たな連立の道が開けるのではないでしょうか。

自民党と社会党が対峙した「五五年体制」下では、憲法改正の是非が対立軸のような位置づけでしたが、本当にそうだったのかは疑問です。今も改憲派と護憲派の対立はありますが、対立軸はもっと根本的なところに存在するのではないかと私は考えています。

旧来は、働く庶民の需要サイドの政党なのか、大企業目線の供給サイドの政党なのか、という大きな区分けがあり、今も基本的な構造は変わりません。

これに加えて、近年では国内外で、国家主義的な主張を前面に打ち出す政党なのか、国民一人一人を大切にして参画を促す政党なのか、という対立軸も顕著になってきています。前者は、いわゆる好戦的もしくは強靭さを売りにする「マッチョ型」の指導者と表裏一体です。ロシアのプーチン大統領、米国のトランプ前大統領、中国の習近平国家主席らはその典型です。

後者は「共感型」のリーダーで、ドイツのメルケル前首相やニュージーランドのアーダーン前首相らが象徴しています。マッチョ型は男性ばかりですが、共感型は女性の政治家が目立ちます。私は、世界でも日本でも政治を悪い方向へ導いているのは「俺についてこい」と言わんばかりの強権的な指導者だと分析しています。

政治の質を変える三つの改革

こうした潮流と日本の政治の質を変えるために、私は三つの改革を提唱しています。

まずは世襲制限です。その弊害は先述したように、惰性と馴れ合いの政治に陥り、有為な女性や若者の挑戦を阻んでいることです。

二番目は、国会議員の女性割合を一定数決める「クオータ制」の導入です。小選挙区比例代表並立制の現状では、やはり女性の政治進出を推し進めるにはハードルが高いと思います。繰り返しますが、小選挙区制では時間とエネルギーを選挙活動に集中せざるを得ませんし、世襲が有利になっています。

もし「二四時間戦えますか」と問われれば、女性の場合、子育てとの両立などで不利になります。本来であれば、一つの選挙区から複数が当選できる中選挙区制が望ましいと思いますが、制度改革は困難だと思います。

私は現実的な解決策として、比例代表での女性候補の割合を各政党が定める一種の「クオータ制」を導入するとともに、少数意見でも国会に議席を取れるように比例代表を現在のブロック制から全国区に広げるべきだと思います。

世界では、一九六カ国のうち、一二九カ国で「クオータ制」を導入しています。この制度を採り入れていない先進国は、日本くらいなものです。経済界でも女性の役員や管理職を増やして意思決定に反映させる制度のある方が、そうした措置を講じなかったときと比較して、経済成長率が上がったという統計も出ています。これは与野党を挙げて取り組むべき喫緊の課題なのです。

そもそも日本の政治の閉塞感は、男性が優位で世襲がやたらと多いという現状が引き起こしているのではありませんか。そんな状況に追い打ちをかけるように、小選挙区制で党執行部やトップに権限が極度に集中しています。多様化する社会から逆回転するこんな政治の風土と構造を変えていかない限り、日本の未来は開けないと確信しています。

最後は被選挙権の変更です。国会議員の被選挙権を衆参両院とも二〇歳以上に引き下げ、若者の意見をもっと政治に反映させれば、投票率も上がり、政治に躍動感が出てくるものと信じています。かつてインターネットもスマートフォンもまともに使えない人がサイバーセキュリティ担当大臣を務めていたと記憶していますが、笑止千万ものです。こうした分野にこそ、若者の知見や考えを積極的に取り入れていくべきです。そのためには、被選挙権を引き下げることが急務です。

政党交付金も所属する現職議員の人数によって配分されるので、小さな政党は圧倒的に不利です。まず政党本部の維持費や人件費に資金を投入せざるを得ないために、候補者まで必要な資金が回ってこないのです。私が社民党に所属しているときは、まさにそうでした。これでは、志と熱意を持った新たな政党もなかなか議席を取れません。何らかの方法で改めない限り、自民党のような大きな既存政党の優位が続くことになってしまいます。

第4章
選挙制度と国民

田原総一朗
伊藤惇夫
高安健将
大山礼子

制度改革の失敗を認め、今こそ変えるとき

ジャーナリスト　田原総一朗

たはら・そういちろう　一九三四年生まれ。早稲田大学卒業。東京12チャンネル(現テレビ東京)などを経て独立。テレビ朝日系の討論番組「朝まで生テレビ!」や「サンデープロジェクト」でジャーナリズムに新風を吹き込んだ。『日本の戦争』『戦後日本政治の総括』など著書多数。

議員がイエスマンになってしまった

三〇年前の一九九四年一月、細川政権で、衆議院への小選挙区比例代表並立制導入を柱とする選挙制度改革が実現したが、これは失敗だったと僕は思っている。問題はいろいろあるが、一番大きいのは小選挙区制だと一人だけを選ぶので、議員が執行部のイエスマンになってしまうことだ。

それまでの中選挙区制では派閥の存在が大きかったから、派閥が執行部に「ノー」と言えた。現職の総理に問題があれば、派閥の力で総理を代えていたんだ。だけど、小選挙区制では違う。

二〇一二年以降の第二次安倍政権の時が典型だ。長期政権が続くうちに、みんな安倍晋三首相のイエスマンになった。自民党執行部に「ノー」と言えなくなり、昔はあれほどあった論争が党内からなくなってしまった。選挙の公認権もカネも握られているからだ。

だが、二一年一〇月に発足した岸田政権では、安倍政権のときより事態が深刻になっている。内閣支持率がこんなに低いのに、岸田文雄首相は退陣に追い込まれない。誰も時の権力者に逆らおうとしないからだ。「ポスト岸田」と言うが、自ら政権を倒しに行く人がいない。いまどきの政治家は首相になんかなりたくないんだ。大臣になれればいいと思っている。

しかもこの選挙制度は、親から「地盤」「看板」「カバン」を引き継ぐ世襲議員に有利に働くから、自民党は今でも世襲だらけだ。

もう一つ、岸田政権下ではとんでもないスキャンダルも露呈した。派閥が開催する政治資金パーティーのパーティー券をノルマ以上に販売した議員に売り上げをキックバックしていた上に、キックバックを受けた議員は政治資金収支報告書に計上しないで、裏金化していたのだ。

かつては僕も複数が当選できる中選挙区制をやめて、小選挙区制にするべきだと思った時期があった。

一九八八年に発覚したリクルート事件で、自民党は金権腐敗だと批判されたのに、改革は進まなかった。だけど、九二年夏に金丸信元副総理が東京佐川急便から五億円もの闇献金を受けていたことが明らかになり、九三年三月には脱税容疑で逮捕され、金塊を含めた巨額の不正蓄財が明らかになると、国民の政治不信は頂点に達した。

宮沢喜一インタビューで引き出した「絶対にやる」

そんな時、自民党で政治改革に取り組んできた後藤田正晴元副総理が「話がしたい」と言ってきた。翌四月のことだ。

東京都内のホテルで会うと「政治改革が必要だ。中選挙区制だと、複数の候補者を立てる自民党では同士討ちになるので、有権者へのサービス合戦になる。そうすると、どうしても金権政治になってしまう。すると腐敗して、いずれは独裁政治になる。民主政治を続けるには小選挙区制にしなければならない」と、後藤田さんは二時間以上かけて僕を説得した。

僕も「その通りだ」と思い、各局持ち回りのインタビュー番組「総理と語る」を五月末にテレビ朝日でやることになっていたので、当時の宮沢喜一首相とその番組で対談したんだ。

それで、僕は宮沢さんに「選挙制度改革は本当にやるんですか」と切り込んだ。そうしたら、宮沢さんは「どうしてもこの国会でやらなければならない。やるんです」と言い切った。「絶対にやるのか。できなければ総理を辞めるのか」と食い下がる僕に、宮沢さんは「絶対にやるんです。私は、嘘は申しません」と繰り返したんだ。このやりとりは大きく報じられた。だけど、自民党には反対勢力が多数いたので変えられず、六月中旬になって、ついに内閣不信任決議案が可決された。最大派閥の経世会で権力闘争を繰り広げ、「改革派」と称していた小沢一郎さんや羽田孜さんら多数が賛成に回ったからだ。

その結果、衆院解散・総選挙になり、新生党を結成した小沢さんらとともに政権交代を果たし、八党派の連立政権を発足させた日本新党の細川護熙首相の下で、選挙制度は変わった。番組で僕が引き出した宮沢さんの発言が政権交代の引き金になったんだ。その意味では、僕には選挙制度を変えた責任が大いにある。実際、その時は小選挙区制にすることが正しいと思い込んでしまった。細川政権当時の河野洋平自民党総裁をはじめ、与野党の誰に聞いてもみんな大賛成だったんだ。

安倍首相も制度見直しに賛成だった

この選挙制度は変えた方がいい。だから、第二次安倍政権で自民党幹事長だった石破茂さんと会い、「元の中選挙区制に戻したらどうか」と言ったことがある。でも、石破さんは「確かに自民党の中には論争がなくなりました。しかし中選挙区制に戻すのは反対です」と言った。

石破さんは中選挙区制時代の選挙を戦っている。その経験から、中選挙区制は表に出せないカネがどうしても必要になるが、今の小選挙区制はカネがかからず、クリーンな選挙ができるという認識だった。

石破さんの次に幹事長になった谷垣禎一さんにも「制度を見直すべきだ」と進言した。谷垣さんは「その通りです」と答え、乗り気だった。だが、しばらくして会うと「与党も野党も、今の制度で当選しています。だから変えたくないんです」と困った顔で言ってきた。その後、谷垣さんは自転車事故で大けがを負い、辞任してしまった。

それで僕は安倍さんにも言った。「あんたの周りはゴマすりばかりだ。こんな連中ばかりでは国が劣化してしまう。心配にならないのか。選挙制度を全面的に変えよう」と。そうしたら安倍さんも大賛成で、安倍さんが「この人と進めてほしい」と言った議員と、日本のありかたを総合的に考える有志の勉強会をつくったんだ。

しかし、二〇二〇年に入り新型コロナウイルス感染が拡大し、安倍さんも持病の病状が深刻になって、その年の夏に首相を辞任したことで進まなくなってしまった。選挙制度の話は岸田首相にも言っている。その問題点についてはわかっていると思うんだけどね。

政治を変えられると思えば投票に行く

裏金問題にしたって、選挙制度改革で「カネのかからない政治」を掲げたのに、どの派閥も、選挙にはカネがかかるし、使い方にいろいろ問題があるからと計上せずに裏金化してきた。だから議員もそういうものだと思い、裏金のまま受け取っていたのだろう。

選挙の時、有権者に必死さと覚悟を見せるにはどうすればいいか。それはカネを使うことだった。カネを使えば必死さが伝わる。そのためには裏金が必要だったということなのだろう。

繰り返すが、今の制度では執行部へのイエスマンばかりになる。野党だって自民党を批判するだけだ。そうではなく「国民のための政治」を掲げて政権奪取するために結集すればいい。だけどできないので、いつまでたっても弱い。そうすると有権者は、自民党が勝つと思って選挙に行かない。投票率が低いから自民党が安定している。有権者だって、政治を変えられると思えば投票に行くんだよ。

日本の政治はこのままでいいのか。僕は選挙制度をどうすればいいのかを真剣に考える会を国会議員とつくりたい。国会議員とつくらないと進まないからね。新たな政治のありかたが今こそ求められている時はない。

英国の理想化という陥穽

政治アナリスト **伊藤惇夫**

いとう・あつお　一九四八年生まれ。学習院大学卒業。約二〇年間の自民党勤務を経て、九四年に発足した新進党に参加。太陽党、民政党で事務局長を務めた後、九八年に四党が合流して発足した民主党で事務局長となる。二〇〇二年に退任。著書に『政党崩壊』『国家漂流』など。

矮小化された議論、重ねた妥協

最初に抱いたのは違和感でした。自民党の職員だった私は一九八九年一月に、リクルート事件を受けて新設された党政治改革委員会のスタッフに任命されました。若手職員五、六人の中の一人でした。政治家は約四〇人で、会長はその後の宮沢内閣で副総理になった後藤田正晴さんです。各派の事務総長クラスをずらっと並べ、若手政治家も入れていました。

「初会合をやるから集まれ」と言うので党本部七階の会議室に行くと、後藤田さんが「これから政治改革を始める」と言うんです。「政治とカネの問題は選挙制度に起因している。今の

中選挙区制に問題があるから制度を変えなければならない」という話でした。

中選挙区制だと自民党候補の同士討ちとなり、より多くの票を得ようとサービス合戦を招くのでカネがかかる。だから選挙制度改革が必要だということですね。

違和感を持ったのは、まずここです。リクルート事件では、政治家が汚いカネに手を染めたとして厳しく批判されたわけですが、そこからなぜ一足飛びに選挙制度改革に行ってしまうのか。

政治改革と言うなら、もっと幅広いはずです。国会改革もあれば、衆議院と参議院の二院制のありかたの問題もある。国と地方の役割分担の話だってあるでしょう。そういう議論をトータルでするならわかりますが、スタートから選挙制度の話に矮小化してしまったような感じがしたのです。

後藤田さんに委員会設置を要請したのは当時の竹下登首相だったので、これは竹下さんの意向だったのでしょう。幅広く政治改革をやったら膨大なエネルギーがいります。しかし、自民党は事件への反省の意を示すためにも、一定の改革をしないといけない。それで選挙制度改革に絞ることになったのではないでしょうか。

しかし、結局は党内がまとまらなかったために、政治改革関連法案は一度、廃案になります。正義や筋の通った理論が、政治の現場で威力を発揮するのは、ラクダが針の穴を通るより難しいことなのかもしれません。

選挙制度改革の議論そのものは大変でした。政治改革委員会は八九年五月に、選挙制度の抜本改革と小選挙区制導入を柱とする政治改革大綱を取りまとめ、党議決定されました。そしてその実現を図るべく、政治改革委員会を拡大する形で、政治改革推進本部が新たに設置されました。

本部長は伊東正義さんで、後藤田さんは本部長代理でした。「ミスター政治改革」と言われた羽田孜さん(後に首相、一九九四年四〜六月)や、若手の岡田克也さん(同副総理、二〇一二年一〜一二月)や石破茂さん(同自民党幹事長、二〇一二年九月〜一四年九月)、渡海紀三朗さん(同自民党政調会長、二〇二三年一二月〜)らがいました。

特殊だった英国の制度　欧州大陸は比例代表が中心

私たちはスタートの段階で英国を手本にしました。議会政治が始まった国なので理想型だと思ったのです。だから、政権交代可能な二大政党制や小選挙区制、政党本位の政治といったことが柱になっていきました。

しかし、後になって気づいたのですが、英国の制度は英連邦諸国内だけの特殊なものだったんですね。欧州では比例代表が中心ですから。そして英国と日本では政党の成り立ちや所属議員への統制がまったく異なります。たとえば英国は、政党が候補者を決めて選挙区に配置していきますが、日本は違います。

それに英国のように、階級が二分化された、ある種の階層社会でないと二大政党になりにくい。歴史も文化も、伝統も人間性も違うのに英国の制度を日本に移植しようとしたことが、そもそもの間違いだったんです。小選挙区制にして二大政党にしようにも、日本の支持層の分布は二分化、二層化されているわけではない。そういうことには、正直に言って気付いていませんでした。制度を変えれば中身がついてくると思っていたわけです。

当時は熱に浮かされていたところもありましたが、他の国の制度を参考にしようにも、世界の議会制度や政治資金制度に詳しい専門家は日本にほとんどいませんでした。それこそ頼ることができたのは、国立国会図書館に勤め、細川政権で首相秘書官になった成田憲彦さんくらいでした。世界の状況を冷静に、客観的に見極めるすべがなく、結果として英国しか見なかったんです。

制度面で妥協もしてしまいました。われわれが考えていた当初は単純小選挙区制だったのですが、小選挙区制に反対や慎重の立場だった野党の暗黙の賛成を得るために比例代表制を取り入れたのがそうです。単純小選挙区制だったら、まだ二大政党制に近い形になったかもしれません。それでもわれわれは、比例代表には政党に功績のあった人や学識経験者などを政党が選んで名簿に載せればいいと考えていました。

しかし、後になって小選挙区と比例代表との重複立候補を認めてしまいました。この議論に私は直接加わっていなかったのですが、推進本部が一九九〇年一二月にまとめ、党議決定された政治改革基本要綱では、小選挙区比例代表並立制の導入を打ち出し、重複立候補を認めたのです。

当時の海部俊樹首相の諮問機関である選挙制度審議会の答申にも盛り込まれたことで、海部内閣が閣議決定した政治改革関連法案に取り入れられました。党内がまとまらずに法案は九一年九月に廃案になり、海部内閣は総辞職しましたが、宮沢喜一さんが後継首相になってからも重複立候補の考え方は引き継がれていきました。

動いた小沢一郎

その後、選挙制度改革の取り組みは大変な紆余曲折を経ます。金丸信元副総理に五億円の闇献金をした東京佐川急便事件などがあり、国民の政治不信はますます高まっていました。この状況の中で自民党幹事長だった小沢一郎さんが動いたわけです。

小沢さんは、自民党の最大派閥だった経世会での権力闘争に負けて、選挙制度改革を「錦の御旗」にして、政敵の梶山静六さんたちに「守旧派」のレッテルを貼ったという側面は確かにあったと思います。

当時の経世会の権勢というものはものすごく、いわば自民党の持ち株会社みたいなものだったわけです。小沢さんはその実権を握ろうとしたのに、できなかったとなると、自民党にいても意味がないと。ならば党を割って、外から自民党をつぶそうという発想が小沢さんの一連の行動にはあったと思います。

いずれにしても、小沢さんが動き、一九九三年六月に宮沢内閣への不信任決議案が可決されて衆院解散・総選挙となり、八月に日本新党の細川護煕代表を首相に担いだ、八党派による細川連立内閣が発足します。そして、ついに九四年一月に選挙制度改革は成就しました。

しかし、小選挙区制導入で、中選挙区なら当選できていた個性的な政治家は残れなくなり、地盤や看板を継ぐ世襲政治家や公募で選ばれた「優等生」ばかりになってしまいました。しかも重複立候補により、小選挙区で落とされても比例代表で復活できてしまう。こうしたことで政治の劣化が進んだと思います。

中選挙区制に戻せと言うわけではないのですが、中選挙区制時代なら当選できた特異な才能を持った奇人、変人はいなくなりました。実はそういう人たちが、自民党に限らず政治全体の劣化を防ぐ存在でもあったと思うんですね。政治がモノクローム になってしまったと思います。

世襲について触れましたが、実は当初のもくろみでは、小選挙区になれば、英国のように政党が主導して候補者を選定し、選挙区に配置するだろうという発想がありました。

しかし、自民党の場合、それだけの強制力がありません。数字の切り方にもよりますが、ざっくりと言って自民党議員の三割近くが世襲です。世襲がこれだけ目立つようになったのも小選挙区制の特性だと思います。

小選挙区って、何度も当選するとある種の「領土」になるのです。すると、そこで当選している政治家は殿様、領主様になり、隠居した後は若殿が後を継ぐ。周辺で支えている連中も利益共同体ですから、殿の後には若殿という仕組みをつくってしまう。それが、世襲がなくならない要因だと思います。

こうなると、同じくらいの能力、あるいはそれ以上の能力を持っていて、その選挙区から出たいという意欲があっても、その人は結果的につぶされてしまう。政治への高い意識を持った優秀な若者による新規参入を阻んでいるわけです。でも、これは有権者の問題でもあります。いつも見慣れた「おらが若殿」に投票しているわけですから。これだけ世襲が多い状況は、世界の先進民主主義国家の中ではきわめて異常です。

新進党も民主党も瓦解

この三〇年を振り返って、自民党に対する挑戦者の資格があったのは新進党と民主党くらいでしたが、この二つの党の失敗も大きかったですね。細川内閣の後の羽田孜内閣がわずか二カ月でつぶれて、一九九四年六月に自民党、社会党、新党さきがけによる自社さ政権ができると、小沢さんたちは、思想や理念は問わず、集められるものはみんな集めるという発想で、その年の一二月につくったのが新進党です。私も誘われる形で事務局入りしましたが、もともと創価学会という組織票を手に入れるための方便でしかなかったので、わずか三年で瓦解しました。

民主党は、われわれ自民党にルーツを持つグループが入ったことで、旧民主党の「市民運動」的なイメージから脱却し、自民党より真ん中の政党を目指そうという発想でスタートしました。ただ、社会党系の人たちがかなり入っていたので、「保守中道」といっても、その考え方はずいぶんと違ったわけです。だから、この政党は何を目指す政党なのかという答えをなかなか出すことができませんでした。政権奪取こそしましたが、三年三カ月で崩壊してしまった理由は、そういうところにあるのだと思います。

「政治とカネ」を巡っても、いまにつながる問題を生んでしまっています。一つは政党助成制度です。これは新党さきがけ代表で細川政権の官房長官を務めた武村正義さんが言い出したものです。武村さんは「三分割法」という発想でした。党のカネが三分の一、自分の努力で集めるカネが三分の一、残りの三分の一を税金で賄おうというものです。

ただ、導入の条件として企業・団体献金は全面禁止するという方向性の話は細川政権の中でしたのですが、そこはなし崩しになり、今に至っているわけです。そして、政党交付金の交付が年末の党勢を基準にしているため、年末になると「駆け込み新党」ができるようになりました。それだけでなく、交付金狙いでいくつもいくつも小さな政党ができては消えていきました。

こうした状況をつくり出したのは政党交付金です。

「こんなはずではなかった」という声

先に述べましたが、選挙制度の議論をしていた若手政治家が本当に情熱を持って取り組んでいたのは事実です。名前を挙げた石破さんや岡田さん、渡海さんだけでなく何人もいました。彼らは、改革により自民党に不利になるかもしれないのに「下野してもいい」との覚悟でいましたから。

ただ、彼らと今話すと大半が「こんなはずではなかった」と言います。晩年の後藤田さん(二〇〇五年死去)にも聞いたことがあります。「今の状況をどう思いますか」と。「うーん、妥協の産物だったからな」と言っていました。やはりどこか忸怩たる思いがあったのでしょう。

選挙制度は変えた方がいいと思いますが、当面はこのままでしょう。あれほどの情熱を持って取り組むことのできる政治家が、今はいませんから。せめて重複立候補くらいはなくしてほしいと思いますが、明るい展望は描けないですね。

制度を変えても民度が変わらなければ意味がないし、民度が上がっても、それを受け止める政党が出てこないとダメですが、そういう政党はなかなか見出せない。だから、自分が投票しても政治は変わらないという諦めから、特に若い人たちの投票率は低いままです。自分の置かれている環境を受け入れてしまっている人も多いので、「政治が変われば自分たちの生活も変わる」という発想も持てないでいるのです。

日本もいま、「リッチとプア」「正規と非正規」というような二層社会になりつつあるのかもしれません。だから、こうした状況で苦しい思いをして暮らす人たちにスポットライトを当てる政党がもっと認知されていけば、日本の政治の風景も変わってくると思います。

小手先の改革で政治不信は払拭できない

最後に述べておきたいのですが、東京地検特捜部が二〇二四年一月に政治家三人を政治資金規正法違反で起訴(略式を含む)した自民党派閥のパーティー裏金事件は、清和政策研究会(安倍派)の有力幹部の立件にまで至らなかったとはいえ、組織的に多額の裏金をつくっていた実態があぶり出されたきわめて大きなスキャンダルです。

現行の小選挙区比例代表並立制の下、党や派閥に政治資金の多くを依存する議員が増えたことが裏金問題の背景にあるのなら、選挙制度を改めて見直す必要があります。しかし今回、自民党はここまで劣化したのかと寒々とした思いがしたのは、これだけの問題が起きながら、党内の若手から大きな声がなかなか上がらなかったことです。

リクルート事件の時は、みんなが「これはまずい」と本気で危機感を抱き、若手を中心に政治改革に邁進したのは、先に述べた通りです。政治改革大綱を党議決定した際に私がメモしたのですが、後藤田さんは挨拶で、こんな趣旨の発言をしているんです。

「戦後四十数年の間、「黒い霧」「ロッキード」「ダグラス・グラマン」と、五年から一〇年おきに大きなスキャンダルが起きた。そして今回のリクルート事件だ。自民党はその都度、何かしらの対応措置を取ったが、今にして思えば、改革はすべて小手先だった。なぜこういう問題を繰り返すのか。それは、根本にさかのぼってメスを入れてこなかったからだ。だから今回は根本にメスを入れる。個々の政治家の倫理観が基本ということでやってきたが、それではダメだ。自民党のシステムそのものにメスを入れなければならない」

これが大綱の思想です。大綱には「総裁の派閥離脱」や「閣僚のパーティー自粛徹底」が書いてありますが、岸田首相は二つとも破っています。小手先の改革でお茶を濁すようでは、国民の政治不信は払拭できません。

だからこそ、野党は結束しなければなりません。政権交代でなくても、自民党政権を追い詰めるだけでいいのです。与野党伯仲になれば、自民党のおごりや緩みが少しはなくなり、政治に緊張感が生まれます。自民党を追い込む態勢をつくることが、いま最も大事なのではないでしょうか。

「その先」の考察不足だった選挙制度改革

早稲田大学教授 高安健将

たかやす・けんすけ 一九七一年生まれ。早稲田大学卒業、ロンドン大学で政治学博士。成蹊大学教授を経て二〇二三年四月から現職。専門は比較政治学。

公平な競争を歪める裏金

自民党派閥の政治資金パーティー裏金事件をきっかけとして、二〇二三年末から「政治とカネ」を巡る問題が日本政治の大きな焦点になりました。一九八八年のリクルート事件に端を発した政治改革は、政治資金問題の解決を「一丁目一番地」としていたはずなのに、です。特に二〇一〇年代に入り自民党一強になると、政治腐敗が起きても自浄作用は働きませんでした。司法は沈黙し、有権者は選挙で審判を下す反応をしませんでした。この間、カネの出し入れは、世間とは逆方向に、政界だけ不透明さが増しました。政治改革は政治腐敗の撲滅とともに、有権者の選択が政治家を介して、政策決定に反映させることを目指した民主化革命でもありました。その「有権者の選択」が抜け落ちて、政治改革以降、「選挙で選ばれた者が偉い」という錯覚が政治家にも有権者にも暗に含意されるようになりました。政治主導を目指した悪しき帰結の一つと言えます。

政治とカネの問題は、選挙制度とも密接に絡みます。中選挙区制から小選挙区比例代表並立制に変更すれば、自動的に自民党に対抗する野党ができるとともに、自民党の代名詞だった利益誘導政治の必要がなくなり、政治にカネがかからなくなると想定されていましたが、現実は違いましたし、権力を持つ人々が国を「喰い物」にする状況は続いていました。それが今の政治の混迷を招いています。

果たして、不透明なカネの問題点はどこにあるのでしょうか。政治とカネを巡る問題では、政治資金を介して、政策決定・政治家に対する企業や団体、個人による不適切なアクセスが容認され、特定の企業や団体、個人に有利な政治が横行しているのではないかと疑念を持たれることが多々あります。政党や派閥、政治家に献金したり、パーティー券を購入したりすれば、見返りとして利益誘導して

もらう政治になりかねないからです。こうした事態は確かに問題です。

しかし、それにも増して深刻な問題は、政治における競争、政党や候補者の間での競争(選挙)が歪められている点にあります。フェアな土俵の上で政党や候補者が競争しているのでなく、政権を握る政党、そして現職が、一方的に有利になるように資金集めが許容されてきたということです。自民党に圧倒的に有利な状況が資金面でつくられていたわけです。

利益誘導する政党や政治家を落選させることができれば、自浄作用が発揮される余地があります。しかし、そもそも選挙における競争が歪められていては、こうした自浄作用が機能する余地が失われてしまいます。

この問題は、スポーツにおけるドーピングと類似した構造です。練習量を増やし、本番での力と集中力を高める必要は誰もが認めるでしょう。ところが、競争を歪める形で特定の選手やチームが、審判と観客に知られることなく秘密裏に薬剤を使用して競争に臨んだ場合は、真に優劣を競ったことにはなりません。

政治にカネがかかるというとき、秘書の雇用、ビラの印刷、インターネットを含めた広告、冠婚葬祭での出費、地元議員への資金提供(買収を含む)がしばしば具体的な用途として挙げられます。いずれも政党や候補者の間で、同じ資金量でそもそも競われていなければ、競争が歪められる支出内容です。有権者はそうした選挙活動が政党や候補者の努力の結果と判断して投票先を選択するかもしれません。

しかし実際には、資金力に勝っていたり、時として裏金を使ったりした政党・候補者と、そうしなかった政党・候補者との間の争いと化しています。資金は決定的ではないという声もあるかもしれません。しかし、二〇一九年参院選における広島選挙区(改選定数二)では、自民党は、ベテランである現職に加え、二人目の候補者となる新人を擁立しました。ベテランの現職は、当時の安倍晋三首相に疎まれた議員で、新人は政権中枢に近い元法務大臣の妻である県議でした。自民党は、ベテラン候補には一五〇〇万円、新人候補には一億五〇〇〇万円を配分したとされ、結果はベテランの落選、新人の当選でした。違法であれ、合法であれ、脱法的なかたちであれ、選挙に持ち込まれる資金が(ばれなければ)情勢を有利にすることは否定できません。つまり、選挙活動で資金的に劣る側が圧倒的に不利な立場に置かれる競争となるわけです。有権者が、この事実を知らずに選択することになれば、適切な判断は阻害されます。

有権者は資格のない政治家を排除する責任がある

そもそも政治に関するルールは、政治家自身が設定する形を取っています。それは政治家に対する信頼を前提とするやり方です。しかし、政治家当人、特に国会で決定権をもつ多数派の政治家たちが、信頼できない運用をし、さらに問題が発覚しても、その核心から逃げ回り、徹底的な改革を何としても避けようとする姿を見れば、当事者によるルールの運用という現在のやり方がもはや維持できないことは明らかです。

この際、有権者による適切な選択を可能にする選挙に向け政治資金の透明化を図ると同時に、その「入り」と「出」に制限を設けなければなりませんが、政治家自身による是正は期待できません。独立した第三者機関が政治資金のルールの厳格化と透明化、罰則の強化をパッケージとして提案し、政治家が国会で身を切る覚悟で丸ごと受け入れるべきです。

有権者は、自らに甘い政治家に厳しく接する必要があり、それは、政治における適切な競争を維持する上で、有権者に課せられた責任の一つと理解する必要があります。政策や国家を論じる以前に、その組織・人物がそもそも政策や国家を論じる資格があるのかを判断することは本質的に重要な問題です。政策や国家を担う資格がない政党や政治家は、有権者が排除しなければならないのです。問題のあった政治家や政党を処分せず、制度の厳格化にも抵抗する人々の再選を認めるということは、こうした競争を歪める行為を有権者が容認したことを意味します。実際、問題を起こした政治家や政党は選挙結果をそのように利用します。競争の土台を歪めた政治家や政党を適切に処分しなければ、それは有権者による選択の土俵というデモクラシーの根本を壊すことにつながりかねません。

政治にはカネがかかると言われます。そうであっても、政党や候補者が同じ前提で政治資金を獲得し、使用しなければ、民主的な政治における競争の土台が成り立ちません。自由で民主的な政治の秩序を維持しようとするのであれば、先ほど述べたように、政治資金の入りと出に限度を設け、その範囲でしか政治資金を獲得し支出できない仕組みをつくり、この枠に政治家も有権者も慣れるべきです。

いまの制度は二大政党制も野党間協力も困難にする

三〇年前の政治改革を顧みると、同士討ちでカネがかかる中選挙区制の廃止が最優先され、その先の考察が不足していた点は否めません。ちなみに、民間政治臨調は小選挙区比例代表連用制を唱えていました。連用制だと比例の議席が多くなるので、より民意を反映する仕組みになっていたと思います。

では、なぜ想定されたように二大政党制に収束しなかったのでしょうか。過去三〇年の日本政治を振り返ると、大政党である自民党に対抗する非自民勢力には中道左派、中道右派があり、さらに共産党と公明党がいました。さまざまな団体の支援や政治資金を使って地域に根を張る自民党に対抗するには、こうした諸勢力が一つの政党にまとまるか、政党連合として協力する必要がありました。しかし、近年、安全保障や原発問題など政策課題での距離、共産党との関係などで壁ができて、一つの塊になれていません。野党で「改革」を訴える政党でも、自民党に代わる勢力を目指すのではなく、日本維新の会や国民民主党のように、実際には自民党との協力を志向する政党も台頭し、自民党とこれに対抗する勢力が緊張感のある関係を築くことに成功していません。

日本の衆議院は小選挙区制ではなく、小選挙区比例代表並立制を採用しており、中小政党の生き残りをそもそも前提としています。小選挙区制の部分的な採用で政権交代の可能性を求めたところにモデルの意義はあったかもしれませんが、比例の存在もまた大きいものでした。さらに、日本は公選による二院制も維持しており、二院制は政権の構成を含め政党システムにも政権の運営にも強い影響を持ってきました。

衆参両院の選挙制度の全体を俯瞰すると、比例代表制と中選挙区制が多党化を促すのに対し、小選挙区制は複数の野党の生き残りや協力を難しくしています。つまり全体として、二大政党への収束も、野党間協力も困難にする選挙制度となっているわけです。

そもそも、日本全体では、地域社会でも、支持が「自民党vs非自民の野党」というふうに、二つに分かれる必然性が明らかではありません。むしろ、先にみたように、無党派を含めてもっと複数のグループが混在しています。制度だけでは二大政党に支持が収束しません。

衆院選や参院選の一人区で用いられる小選挙区制では、候補者が三名以上になる場合、投票者は、自らの投票によってより好ましい結果を求めようとすれば、戦略投票を強いられます。たとえば、有権者の支持分布が右派支持の四割、穏健左派支持の三割、左派支持の三割となっていたとします。穏健左派と左派は右派よりもお互いをより好ましいとします。この場合、もし穏健左派と左派がそれぞれ自らの好みに忠実に投票すれば、結果は、両者が最も好まない右派の勝利となります。これを避けるためには、穏健左派と左派が候補者調整をするか、投票者自身が戦略投票をおこない、最も好みの候補者ではなく、より勝ちそうな候補者に票を集める必要があります。三名以上の候補者が競合する場合、小選挙区制は投票者には使いこなすのが難しい選挙制度なのです。

さらに言えば、衆院選の小選挙区で落選した候補者が低い得票率だったにもかかわらず、比例代表に重複立候補できることで、政党の得票によって比例代表枠で復活当選する仕組みも変えるべきです。小選挙区制が民主的な選挙制度として正当化される一つの要素として、権力者であっても有権者が望めば、選挙で必ず落選させることができるという、制度としての特徴があります。小選挙区で有権者が落選させた候補者が比例代表で当選するのは非民主的とも言え、有権者の投票行動に水を掛ける制度は大きな問題です。

どの政党に政権を任せるのかという政権選択、どのような人たちを議会に送り込むのかという代表性、権力をいかに制御するのかという均衡と抑制――。この三つの課題のバランスをどのように取るのか。日本の状況を踏まえれば、英国モデルからだけでは、制度としての解を十分に導き出せません。その検討は今後重要な課題となります。

野党への交付金を厚くして平等を担保する英国

加えて、同じような小選挙区制でも日本と英国は運用がかなり異なります。象徴的な例を挙げると、日本は政党が国政選挙で得た支持に応じて政党交付金が支給されるので、大政党である自民党が圧倒的に多くの資金を得るのが現状です。

しかし、英国の仕組みは違います。政権に入る政党は、政策の検討に政府の人材や資金などさまざまなリソースを使える一方、野党はそれらを利用できません。つまり、与党と野党の間には大きなハンディキャップがあるわけです。このため、英国では溝を埋めるために、野党への国庫からの補助を厚くするなどして、与党の優位が固定しないような制度設計がなされています。

選挙制度は似ていても内実が違う現状をどう変えたらいいのかと言えば、選挙制度を簡単に変えられない以上、まずは現行制度の枠で可能な限り公平な政治を実現して、民意の深化を促し、これをできるだけ政治に反映させることを考えなければなりません。英国で最も大切な考え方は、政党が競争するときに、同じ舞台で公平性が担保されていることです。選挙時に使える政治資金の上限や使い道を設定したり、与党の政策ばかりが目立ってしまうのを是正するために、野党の考え方も同時に報道されたりする慣習になっています。

選挙運動期間ももっと長くして、メディアや立会演説会で討論を重ねて有権者やジャーナリストの質問を政党や候補者が受け付けるなど、実質的な議論を可能にする方式も必要です。それが、有権者の考えを深めて、選択肢を示すことにつながっていくからです。

恣意的な解散を抑制するルールづくりを

さらに、日本では、時の首相が自らの都合の良いタイミングで衆議院の解散権を行使することが常態化しています。いわゆる憲法の「七条解散」で、きわめて恣意的な判断になってしまいます。他方、英国では一九七〇年代から二〇一〇年代半ばまで、四、五年の周期で選挙が実施されてきました。

一一年に首相の解散権を封じる「議会任期固定法」が成立し、これは二二年に廃止されたものの、英国では慣習によって、首相が勝手に議会を解散することを抑制しています。一七年の時のように、そもそも手前勝手な解散をする首相に有権者は厳しい判断を下す可能性があります。つまり、英国では日本のように首相や政権与党の都合で解散しにくいので、与野党も有権者も次の選挙に備えてしっかりと準備ができるわけです。

次の選挙までの時間がある程度はっきりすれば、政権は約束したことをしっかり実現し、野党は人、組織、政策を入れ替え、自己刷新の時間を確保できます。日本では選挙期間も短く、候補者も中長期的に選びにくいのです。一七年や一九年の場合のように、急な解散ではベストの人材が集まらず、候補者の質に問題が生じるのは英国も同じです。日本では、兼職も許されない状況で、質の良い候補者であっても世襲候補に勝つのは容易ではありません。何より有権者に考える時間さえ十分に許さないのは主権者の役割を空洞化させることです。日本でも、首相の自己都合による解散権の行使を戒めるルールづくりが求められています。

制度を変えれば意識が変わる　衆議院に中選挙区比例代表制を

駒澤大学名誉教授
大山礼子

おおやま・れいこ　一九五四年生まれ。一橋大学大学院修士課程修了。博士（法学）。国立国会図書館勤務などを経て二〇〇三年に駒澤大学法学部教授。二四年に名誉教授。専門は政治制度論。著書に『政治を再建する、いくつかの方法』。

やる気のない議員しか選べない制度の問題

政治の劣化が著しいですね。「失われた三〇年」と言われますが、国会の審議にしても政治資金のありかたにしても、何も変わらないばかりか、後戻りしているようにさえ見えます。それは、議員に改革しようという気持がないからで、突き詰めていくと、こういうやる気のない議員しか選べない選挙制度の問題に行き着きます。

今の制度は衆参両院ともに、大いに問題があります。現代の国家で国政の主体となるのは、一貫した政策を持った政党です。しかし、従来の中選挙区制は個人を選ぶ色彩が強いので、同士討ちを招き、金権腐敗や派閥政治の温床にもなってきました。

そこで、政党本位の政治を実現し、政権交代可能な二大政党制を目指そうと、三〇年前の一九九四年一月に選挙制度改革がなされたわけです。ところが、導入されたのは小選挙区制と比例代表制という、まったく別の二つの制度が混合した小選挙区比例代表並立制でした。

一人しか当選できない小選挙区制は野党の結集を促す効果がありますが、比例部分があるため、中小政党はそこで生き残ることができてしまう。しかも、小選挙区に候補者を立てた方が比例票が増える傾向にあるから、都市部の選挙区を中心に多党乱立となって、結集効果がますます打ち消されてしまうんです。

さらに言えば、小選挙区と比例代表に立候補した重複立候補者は、比例名簿では基本的に同一順位となり、小選挙区で負けた場合の比例復活順位を惜敗率（候補者の得票数を同じ選挙区の最多得票数で割ったもの）で決めるので、相変わらず候補者個人が前面に出る選挙の要素も残りました。

小選挙区にしたい当時の自民党と、比例代表にしたい野党による妥協の産物だったとはいえ、問題が多いですね。

参議院の選挙制度はもっとひどいです。一人区に加えて、二〜六人区の中選挙区が生き残っており、衆議院以上に個人を選ぶ選挙になっています。

参議院の選挙制度も選挙区と比例代表の組み合わせですが、選挙区は原則として都道府県単位で設けられるので、人口の多いところは一つの選挙区から複数の議員を選ぶ中選挙区になります。最大の選挙区である東京は六人区で、こうした大きな選挙区では、同じ政党の候補者による同士討ちも起きています。

そして、同じ比例代表制でも衆議院と違って、参議院では名簿が原則的に非拘束式になっています。非拘束というのは、政党が独自の順位を決めず、候補者の得票順に当選を決める方式なので、こちらでも個人中心の性格が強いんですね。しかも全国比例ですから、組織、団体の後押しを受ける候補者が有利になっています。

また、「一票の格差」解消のため、二〇一六年の参院選から鳥取県と島根県、徳島県と高知県が合区になりましたが、この問題もどうしていくのでしょうか。いずれは、遠く離れた県と合区させられたり、大きなところに吸収合併されたりすることになると思います。

しかも、政党内の調整で、合区によって選挙区を失うことになる現職を救済するために、比例名簿に順位づけする特定枠というものもできました。もう破綻していると言っていいです。

小選挙区制は一党優位を生むこともある

衆議院選挙制度改革の第一の目的であった政党本位の政治の実現ですが、改革を経て政党の重要性が増したことは確かです。党首や執行部の権限が強化され、自民党では、中選挙区制時代に力を振るってきた派閥の影響力が小さくなりました。しかし、先ほど述べたように、実際の選挙では、個人中心の要素を払拭できていないわけです。

払拭できない理由としては、選挙制度だけでなく、政党組織の脆弱性という問題もあります。公明党や共産党を除くほとんどの政党では、候補者が選挙費用の多くを自前で用意することを求められます。これは、政党が候補者を発掘し、育てていく態勢が十分ではないということです。結局、候補者本人が選挙運動にどれだけ時間と労力を費やせるかが、当落を左右しているのです。

改革のもう一つの目的であった、政権交代可能な二大政党制の実現もどうなったでしょうか。現行の選挙制度による初めての衆院選がおこなわれることをにらみ、一九九四年一二月、自民党に対抗する形で、新生党、日本新党、民社党、公明党の一部などが参加して新進党が結成されるなど、野党勢力の結集を促す効果が出たかに見えました。二〇〇九年九月の民主党による政権交代はそのピークでした。

しかし、一二年一二月に自民党が政権を奪取してからは、自民党だけが強く、中小の弱い野党が併存する「一強多弱」の状態が一〇年以上にもわたって続いています。

ここには小選挙区制に対する誤解もあったのだと思います。小選挙区制は小さい政党には過酷な制度ですが、政党の数が減ったとしても、その結果が二大政党になるとは限りません。一党優位になることもあるのです。ここは想定外だったのではないでしょうか。

そして、先ほど述べた比例代表による野党結集効果の打ち消しによって「多弱」が固定化され、さらに言えば、ポピュリスト的傾向を持つ新党が次々と登場し、政権批判票を分散させる結果を生んでいるわけです。

衆議院、参議院、地方議会、それぞれに適した選挙制度改革を

それでは、どうしたらいいでしょうか。日本では選挙で個人を選ぶ特性が強く、なかなか政党本位にならないのなら、衆議院は中選挙区の比例代表制にしたらいいのではないでしょうか。選挙区の規模を大きくするとミニ政党が乱立するので、定数を五、六人くらいにして、議席は比例代表で決める。また、非拘束式名簿を徹底して、個人票を合算して政党の得票として計算するのです。

これなら、特定の候補者が多くの票を取ったとしても、同じ党の別の候補者に余った票を分けることが可能になるので、同士討ちがなくなります。野党は候補者調整をする必要がないので、複数候補者の擁立も可能になり、有権者の選択肢は増えます。多様な意見が反映され、穏健な多党制のような形になることが期待できます。

中選挙区制にノスタルジーを持っている有権者は多いですし、現職の国会議員にも受け入れられやすいのではないでしょうか。計算方法は違いますが、オーストラリアなどでも個人票を同じ政党の候補者に分配できる制度を採用しています。

参議院については、民主党政権時代の二〇一〇年に、当時の西岡武夫参議院議長が参議院選挙制度改革検討会に示した私案が参考になります。都道府県単位の選挙区を廃止して、全国比例を北海道や九州など九ブロックに分けるのが柱です。

名簿は非拘束式にして、個人名でも投票できるようにすれば、今の制度とそれほど大きくは変わりません。「一票の格差」問題は解消されるし、過疎化などといったブロックごとの政策課題に応じた選挙戦も展開でき、地域が結束して特定の候補者を推せば、地域代表も選出できます。いいことずくめではないでしょうか。

衆議院の中選挙区比例代表制と違う点は、参議院は、より範囲が広いブロック単位の代表になり、比例性が強まることです。

地方議会の選挙制度改革も重要です。地方は都道府県議会と市区町村議会がありますが、政令都市以外の市区町村議会の選挙は、全域を一区とする大選挙区で、有権者は一人を選ぶだけの、まったくの個人戦になっています。

たとえば、東京都世田谷区は、人口が約九〇万人、区議会の定数は五〇人ですが、有権者は一人しか選ぶことができません。こうした選挙区では、一～二%というわずかな得票率でも当選できてしまいます。投票率が五〇%だったとすると、総有権者数のたった〇・五〜一%の支持で議席を得ることができるのです。利益団体などの推薦を得られる候補者にとっては、非常に有利な仕組みと言えます。

また、都道府県議会と政令指定都市議会の選挙は選挙区を設定しておこなわれますが、参議院以上に、選挙区ごとの定数のばらつきが大きくなっています。特に、人口減少が進む地域の県議会選挙では、人口が集中する県庁所在地の定数だけがやたらと多くて、それ以外の多くの選挙区は一人区、ということも多いですね。

鹿児島県議会の場合、大半の選挙区で定数が一か二なのに、鹿児島市・鹿児島郡区(島嶼部)の選挙区だけは一七と、飛び抜けて大きい。同じ議員を選ぶのに、まったく性格の異なる選挙をおこなっているわけです。

こうしたところでは、定数の大きい選挙区では少数政党にもチャンスがある一方で、定数一の選挙区では保守系の議員が長年にわたって議席を独占するケースが多くなります。そうなると、地域の少数派の声が議会に届きにくくなるだけでなく、そもそも選挙がおこなわれず、無投票で当選が決まる地域も少なくありません。すると、選挙に行かなくなるので、投票率は下がります。

高齢男性ばかりの議会を変える方法

議席独占をめぐっては、過疎地の市町村も同じ悪循環に陥り、議会はどこも地域の顔役のような高齢男性ばかりです。女性議員がゼロという議会も、まだまだたくさんあります。

さて、どうしたらいいのか。保守系無所属の議員が多い地方議会をいきなり政党本位の選挙制度に変えるのは、さすがに無理があるでしょう。そこで、市区町村については、現行の単記制から制限連記制にするのはどうでしょうか。これは総務省の「地方議会・議員のあり方に関する研究会」も報告書の中で示しているもので、有権者が、定数より少ない範囲で複数の候補者を選べる制度です。

たとえば、定数一〇で三人まで名前を書いていいのなら、どうなるでしょうか。現状は一人の名前しか書けませんが、二人目や三人目も書けるとなると、しがらみなしに選べるようになります。

これだけでも、候補者の顔触れや選挙運動のやり方はだいぶ変わってきます。女性や若者が増えるでしょうし、同じ政策を掲げる候補者たちは「私たちのグループから選んで下さい」という戦い方ができるようになります。そうなれば、有権者は政策でも投票先を選べるわけです。過疎化が進む地域の議会は、議員のなり手がいなくなるなど、議会存続への危機感が強いので、国会とは違って議会改革をどんどん進めているところも多いです。現職の抵抗も少ないのではないでしょうか。

このようにして市区町村議会や都道府県議会の構成が変われば、地方レベルで政党の勢力図が変わってくる可能性があります。国会はその積み重ねですから、国会の風景も変わる可能性があります。

議員は恐怖心で走り出す

改革の議論をしていると、国民の意識が変わらなければ制度は変わらないという意見がありますが、そうではありません。制度や仕組みが変われば、何かのきっかけがあれば、意識はガラッと変わるんです。

公職選挙法改正で、二〇一六年六月に二〇歳から引き下げられた「一八歳選挙権」がいい例です。駒澤大学の授業で、一年生に「一八歳選挙権についてどう思う？」と聞いたら、当初は七割くらいが「いりません」と答えていました。ところが、実際に選挙権が一八歳に引き下げられると、その数字が逆転して、七割が「よかった。うれしい」と答えるようになりました。人間というのは保守的だから、今あることが正しいと思っている人は多い。だけど、何かが変われば、頭の中はすぐに変わるものです。

問題は、制度を変えるために国会議員が動こうとしないことです。ここが大問題ですね。とはいうものの、やはり何か一つでもきっかけがあれば違ってきます。三〇年前の選挙制度改革の時もそうです。リクルート事件に端を発した「政治改革」という大きなうねりの中で、本当は変えたくないのだけれど、改革に反対すると「守旧派」と言われ、選挙で落ちてしまうのではないか、という恐怖心が議員を突き動かしました。

議員は、何かみんなが走り出すポイントを超えると、走り出すんです。だから、メディアを中心にまた同じことをすればいい。「改革をしないと落選するぞ、危ないぞ」と思わせることができれば、議員は動き出します。もちろん、あくまでも反対するんだという議員は別ですが。

若者は選挙に行かないと言いますが、投票率を上げるには選挙制度を変えるのが一番いいと思います。「今度はこんなに選べるんだ」という気持になれば、政治意識も変わります。若者が変われば、それこそ政治も変わるのではないでしょうか。

おわりに

埋まらなかった理想と現実の溝

内田恭司

三〇年を経たことで可視化された問題点

一九九四年一月、竹下、宇野、海部、宮沢、細川と五つの内閣を経て「小選挙区比例代表並立制」の導入を柱とする政治改革関連法がついに成立した。あれから三〇年あまり。日本の政治はどう変わったのかと言えば、国会の与野党勢力は、当時の改革派が思い描いた政策を軸とした二大政党には収斂せず、政権交代のダイナミズムが定着することもなかった。

それればかりか、現在の政治は首相官邸や与党執行部への権限集中に加え、議員の質の劣化による議会機能の低下に喘いでいると言っていい。当の政治家も多くが「失敗」との評価を下す選挙制度改革とは何だったのか。こうした問題意識を基に、さまざまな形で改革に関わった当事者や、実際に新しい制度で選挙を戦った政治家ら計一六人へのインタビューで実像に迫り、あるべき民主主義の姿を探ろうと試みたのが本書だ。

こうした試みは、選挙制度改革から一〇年、二〇年の節目ごとにさまざまなメディアや政治学者らがおこなってきたが、これまでとの違いは、まさに三〇年の月日の流れを踏まえているという点だ。

一〇年や二〇年では明確でなかったが、三〇年を経た今、制度の問題点や歪みは間違いなく顕在化した。その最たるものが権力の集中や政治家の劣化だ。国民の政治不信や無関心を招いて、ますます政治が国民不在のものになっていくという、負のスパイラルを生んでいる。

一六人の選挙制度改革に対する評価は、やはりと言うべきか、否定的なものが多かった。元首相の細川護煕氏とともに、元自民党総裁として改革実現の一方の当事者になった河野洋平氏はインタビューで「改革は失敗だった」と率直に語った。当時、自民党で小選挙区制導入を唱える「改革派」は、これに猛反対する勢力を「守旧派」と断じて党内は二分しており、河野氏は「自分が決めなければ党は分裂していた」と繰り返した。

「党の存続が最優先だったのか」「改革を決めた当事者なのに無責任だ」など、多くの批判はあるだろう。しかし河野氏は、こうした批判をすべて呑み込み「この制度を決めた者として、自分を責めています」と、無念さと後悔の念をにじませながら話した。

田中秀征氏も「改革は間違いだった」と明確に言い切った一人だ。細川連立政権において、政治改革の奔流にもまれながらも田中氏が目指そうとしたのは「穏健な多党制」であり、その実現のためには「全国比例は絶対に譲れない一線」だった。しかし、結果は全国一一のブロック比例の導入だった。過去は変えようもないが、全国比例が実現していれば、今よりも少数意見が尊重される、まっとうな政治になっていたのではないか——。こうした田中氏の悔恨の言葉が胸に響く。

当時、若手改革派の旗手だった石破茂氏は「間違えたかなという率直な思いを強く抱いている」と吐露した。「中選挙区だから同士討ち、サービス合戦になるのだ。政策本位で、二大政党が戦う制度に変えなければならない」。当時彼は真剣にそう考えていたという。しかし今、過去を回想して「思ったようにならなかった。改革で派閥がなくなるというのも幻想だった」と総括し、理想と現実の深い溝を認めた。

ジャーナリズムの立場から改革を強く迫っていた田原総一朗氏も「小選挙区制が正しいと思い込んでいた」と、当時を省みて述べた。

やや異色だったのは、政策グループ「ＹＫＫ」の一角としてならした山崎拓氏だ。政治の現状に照らし「小選挙区制の弊害は大きい」と警句を発しながら、「政治は権力闘争の世界だ」として、選挙制度改革も「その手段だった」と語った。そこまであけすけに言うのかと正直驚いたが、当時の政治がギラギラとしていたのは間違いない。翻って今の自民党にそんな活力は感じられない。総じておとなしく、武闘派も知略派も姿を消した。山崎氏によると、それこそが制度の弊害なのだという。

政権交代の実現という光の側面

少数ではあるが、一六人の中には肯定的な評価もあった。石破氏と同じく若手改革派として邁進した岡田克也氏は、「選挙制度改革は基本的に間違っていなかった」というスタンスで一貫している。

実際に、民主党において、自身も中核メンバーの一人となって政権交代を果たしただけに、「今後もこの制度の下で自民党に対峙していく」と言い切る。政権が瓦解したのは、バラバラでまとまりがなかった当時の民主党の未熟さゆえであり、制度のせいではないと言う。

現在の野党は結集の機運に乏しく、次世代のリーダーもなかなか出てこない。変わらない野党に対する国民世論の期待値は低いままだ。だからこそ、いま一度野党で大きな塊をつくり、政権交代を実現させたいという岡田氏の信念に揺るぎはない。

しかし、ここまで肯定的な姿勢を貫いているのは岡田氏くらいだ。当時、小沢一郎氏や岡田氏とともに自民党を割り、「若手のホープ」とも言われた船田元氏は、現行制度について「六〇点くらい」と、ギリギリ合格とも言える点数を与えてはいる。だが、一九九五年の時点で、すでに政治改革は「熱病だった」と指摘したように、遮二無二小選挙区制導入へと突き進んでいったことに懐疑の目を向ける。

有権者から見れば、小選挙区では与野党対決になることで、政権選択可能な制度にはなった。とはいえ、公認権を握る党執行部の力が強くなり、安倍政権では特に「物言えば唇寒し」の雰囲気の中、保守色の強い政治姿勢が幅を利かすことにもつながったと見る。

弊害についてもっと考えるべきだったという船田氏の三〇年来の思いは、ここに集約されるのではないか。

かつての中選挙区制への批判から、現行の選挙制度を評価するのは野田聖子氏だ。サービス合戦を強いられた旧制度では、国会を欠席してまで後援者の結婚式や葬式に駆けつけなければならなかったが、そういうことはなくなり「より政治に専念しやすくなった」と言う。だが、今の制度が「女性の政界進出を阻んでいる」という見方は鋭かった。もともと男性優位の政界において、小選挙区で男性議員がいったん議席を得ると、女性の入る余地はないという指摘だ。野田氏は郵政選挙で「刺客」を送り込まれたことで、執行部の強権ぶりも見せつけられた。それだけに、誰よりも身をもって現行選挙制度の弊害を知る野田氏の言葉は重い。

この制度で最初となる一九九六年の衆院選に初出馬した辻元清美氏は、「二〇〇九年に民主党が政権に就き、この制度が政権交代可能な仕組みだと実証した」と評価した。だが、「それ以上に影の部分が大きい」として、野田氏と同じく「自民党では公認権や資金を握る党執行部の力が絶大になった」と指摘した。

失われた政治の活力

それでは、河野氏と並ぶもう一人の選挙制度改革の当事者である細川護熙氏はどう受け止めているのだろうか。やはり失敗だったと考えているのか。曲がりなりにも河野氏と政治改革で合意し、小選挙区制を実現に導いたのは細川氏だ。改革への評価は別にして、戦後政治史に刻まれる出来事であったことは間違いない。だからこそ氏へのインタビューでは、失敗だったのかどうか、まず聞いた。

結論から言えば、改革を成した時の首相として「後世の歴史家に評価を委ねる」姿勢なのだと感じた。

細川氏は「この選挙制度が政治の劣化を招いたとの批判があるのは承知している。百点満点だったと言うつもりもない」と、忸怩たる思いをにじませながら、「成就まであと一歩のところまで来ていたこの改革を全うさせることが、細川内閣の大きな使命だった」と話した。「完璧でなくても大きな枠組みだけはつくろう、次の世代の人たちに期待して、より良い制度にしてもらえばいい」と達観していたのだという。

だが三〇年もの間、制度がより良いものに変わることはなく、細川氏の期待に応えるような、大きな波を起こすことのできるリーダーも現れていない。現時点で選挙制度改革に対する歴史家の評価は、細川氏の意に反するだろうが、厳しいものなのではないだろうか。

当時、新進気鋭の政治学者として政治改革を理論の面でリードした佐々木毅氏も、立ち位置は細川氏と似ている。改革後の政治のありかたについて「政治家の当人たちでも総括できないほど、失敗の歴史になった」と振り返り、「この制度を金科玉条のごとく守る必要はない」として、将来の改革に期待を寄せるからだ。一方で「全体の絵を描き改めようというエネルギーが政治の世界から消えてしまった」と嘆く。改革の帰結として、政治が活力を失ったという佐々木氏の認識は、細川氏と通底する。

なぜ選挙制度改革はかくも挫折したのか

それにしても、なぜ選挙制度改革はこうも挫折の道を歩んだのだろうか。佐々木氏は「政治の力学の中でもみくちゃになり、選択肢が残っていなかった。あの段階では、相対多数が確保できる案ならしかたがないというのが実情だった」と内実を話す。自民党職員の立場で改革に携わった伊藤惇夫氏はもっと率直に「妥協の産物だった」と語り、続けた。

フルメニューの政治改革は難しいと、端からあきらめて選挙制度改革に特化する。だが、他の国の制度を調べるすべはなく、歴史も文化も違う英国の制度を盲目的に理想視してしまった。さらには野党だけでなく自民党内の反対派の賛同を得なければならず、比例代表を組み込み重複立候補も認めてしまった——。

選挙制度は民主主義の根幹をなすものだ。その制度づくりで妥協に妥協を重ねた結果が今の政治状況だとするなら、やはり最後まで理想をとことん追求するべきだったのだろうと、伊藤氏の話を聞いて、今さらながらに思う。

だが、自民党で選挙対策本部事務部長を務め「選挙の神様」と評された久米晃氏は、日本では有権者の二極化は起こりにくく「小選挙区制が想定する二大政党制は、そもそも実現しようがなかった」のだと喝破する。日本では、政党や組織よりも人を優先して投票する、固有の土壊が連綿と続いている。有権者の支持分布は多層的であり、現行制度でくみ取るのは無理があるのだという。

政治学者の高安健将氏も「日本には複数のグループが混在しており、制度だけでは二大政党に支持が収束しない」として同意見だ。佐々木氏と同じく、政治学者として選挙制度改革に関わった曽根泰教氏は「改革の時は、国民の意識は保守と中道左派的なものに分かれるとの予測があったが、中道左派という塊はできなかった」と述懐した。

そもそも日本に小選挙区制はなじまないのであれば、いったいこの選挙制度改革は何だったのかと多くの人が言いたくなるだろう。

日本の民主主義そのものの危機

評価については、改革への関わり方や、その後の政治的立ち位置によって分かれたとも言えるが、少なくともこの制度が導いた政治の現状については、一六人がほぼ一致して否定的に捉えていた。

では、今後の選挙制度はどうあるべきなのだろう。実はこの点については、ほとんどが明確なビジョンを示し得なかった。

それでも河野、田中、船田の各氏は、複数候補に投票できて複数が当選できる「中選挙区連記制」が望ましいと提起する。他にも、かつての中選挙区制の方がよかったという意見はあった。だが、石破氏は「あんなカネのかかる制度には戻りたくない」と、中選挙区制を真っ向から否定した。

政治学者の大山礼子氏は、選挙区を中選挙区にして、比例代表で当落を決める制度なら同士討ちはなくなるのではないかと持論を示したが、現職の議員は現行の選挙制度で当選してきている以上、この制度を変えることには否定的だろうとも推察した。同様の見解は山崎氏らからも出された。

政治家の劣化は進み、国会は十分に機能しない。立て直さなければならないが処方箋はなく、もう一度改革しようというエネルギーにも欠けている。結果として国民の政治不信や無関心は進み、選挙の投票率は下がる一方だ。日本の民主主義そのものが危機的状況に陥ろうとしていると言っていい。

どうすればいいのかと問うてみても、特効薬は見つからない。もう一度民主主義の原点に立ち戻ってみるくらいのことしか頭に浮かばないが、行き詰まった時こそ、あらためて原点に戻ってみることが、案外と大事だったりする。

自分たちのことは自分たちで決める。これが民主主義だ。だから、自分たちの考え方や思いと相容れない政治のありかたに対しては、きっぱりと「NO」を突き付ける。どんな些細なことでもいいから、一人一人がおかしいと思ったことを口にするだけでもいい。そして、これまで選挙に行ったことがなければ、行って投票してみる。

民主主義は一人一人の意思表示の集積だ。意思を示せば政治は少しずつではあるが、動くのではないか。政治が動けば、いずれ大きなうねりになる時が来る。来ればその時こそ、よりよい民主主義にするためには、どのような選挙制度が望ましいのかについて、国民的な議論がなされるようになるのではないか。

本書がこうした流れをつくる一助に少しでもなることを願ってやまない。

末尾になりますが、快くインタビューに応じていただき、書籍にする際にも多大なご協力をいただきましたみなさまと、出版に当たり、多くのアドバイスをいただきました岩波書店単行本第二編集部の中本直子さんに、心から感謝を申し上げます。

久江雅彦
1963年生まれ．共同通信社特別編集委員．早稲田大学政治経済学部政治学科卒業．毎日新聞社を経て共同通信社に入社．政治部で首相官邸，自民党，新進党，防衛省，外務省を担当し，2000年から03年までワシントン特派員．政治部担当部長，整理部長を経て現職．杏林大学客員教授，「防衛省・自衛隊の人的基盤の強化に関する有識者検討会」の委員も務める．
主な著書に『9・11と日本外交』『米軍再編』『日本の国防』(いずれも講談社現代新書)，共著に『空白の宰相 「チーム安倍」が追った理想と現実』(講談社)『シリーズ日本の安全保障1』(岩波書店)など．

内田恭司
1967年生まれ．共同通信社編集委員兼論説委員．慶應義塾大学法学部卒業．共同通信社に入社後，政治部で首相官邸，自民党，民主党，外務省などを担当．政治部次長，担当部長，整理部長などを経て，2022年より現職．

証言 小選挙区制は日本をどう変えたか
——改革の夢と挫折

2024年6月27日　第1刷発行

編著者　久江《ひさえ》雅彦《まさひこ》　内田《うちだ》恭司《きょうじ》

発行者　坂本政謙

発行所　株式会社 岩波書店
〒101-8002 東京都千代田区一ツ橋2-5-5
電話案内 03-5210-4000
https://www.iwanami.co.jp/

印刷・三陽社　カバー・半七印刷　製本・牧製本

ISBN 978-4-00-061643-0　Printed in Japan